Excel 2019 応用
セミナーテキスト

日経BP社

はじめに

本書は、次の方を対象にしています。

■「Excel 2019 基礎 セミナーテキスト」を修了された方。

複数シートにまたがるデータの利用方法、使用頻度の高い関数の使い方、データを視覚的に表現する方法、応用的なデータベース機能、ピボットテーブルなど、Excel 2019の活用方法を学習します。本書を修了すると、Excel 2019の応用的な使い方や、作業を効率化する方法を身に付けることができます。

制作環境

本書は以下の環境で制作・検証しました。

■Windows 10 Pro（日本語版）をセットアップした状態。
　※ほかのエディションやバージョンのWindowsでも、Office 2019が動作する環境であれば、ほぼ同じ操作で利用できます。
■Microsoft Office Professional Plus 2019（日本語デスクトップ版）をセットアップし、Microsoftアカウントでサインインした状態。マウスとキーボードを用いる環境（マウスモード）。
■画面の解像度を1280×768ピクセルに設定し、ウィンドウを全画面表示にした状態。
　※環境によってリボン内のボタンが誌面と異なる形状で表示される場合があります。
■[アカウント]画面で[Officeの背景]を[背景なし]、[Officeテーマ]を[白]に設定した状態。
■プリンターをセットアップした状態。
　※ご使用のコンピューター、プリンター、セットアップなどの状態によって、画面の表示が本書と異なる場合があります。

おことわり
本書発行後（2019年4月以降）の機能やサービスの変更により、誌面の通りに表示されなかったり操作できなかったりすることがあります。その場合は適宜別の方法で操作してください。

---

(3)

表記

- ・メニュー、コマンド、ボタン、ダイアログボックスなどで画面に表示される文字は、角かっこ（[ ]）で囲んで表記しています。ボタン名の表記がないボタンは、マウスでポイントすると表示されるポップヒントで表記しています。
- ・入力する文字は「」で囲んで表記しています。
- ・本書のキー表記は、どの機種にも対応する一般的なキー表記を採用しています。2つのキーの間にプラス記号（＋）がある場合は、それらのキーを同時に押すことを示しています。
- ・マウス操作の説明には、次の用語を使用しています。

用語	意味
ポイント	マウスポインターを移動し、項目の上にポインターの先端を置くこと
クリック	マウスの左ボタンを1回押して離すこと
右クリック	マウスの右ボタンを1回押して離すこと
ダブルクリック	マウスの左ボタンを2回続けて、すばやく押して離すこと
ドラッグ	マウスの左ボタンを押したまま、マウスを動かすこと

操作手順や知っておいていただきたい事項などには、次のようなマークが付いています。

マーク	内容
操作🖝	これから行う操作
Step 1	細かい操作手順
❗ 重要	操作を行う際などに知っておく必要がある重要な情報の解説
💡 ヒント	本文で説明していない操作や、知っておいた方がいい補足的な情報の解説
📖 用語	用語の解説

(4)

実習用データ

本書で学習する際に使用する実習用データを、以下の方法でダウンロードしてご利用ください。

■ダウンロード方法

①以下のサイトにアクセスします。

　　https://bookplus.nikkei.com/atcl/catalog/19/P60170/

②「実習用データダウンロード／講習の手引きダウンロード」をクリックします。

③表示されたページにあるそれぞれのダウンロードのリンクをクリックして、ドキュメントフォルダーにダウンロードします。ファイルのダウンロードには日経IDおよび日経BOOKプラスへの登録が必要になります（いずれも登録は無料）。

④ダウンロードしたzip形式の圧縮ファイルを展開すると［Excel2019応用］フォルダーが作成されます。

⑤［Excel2019応用］フォルダーを［ドキュメント］フォルダーまたは講師から指示されたフォルダーなどに移動します。

ダウンロードしたファイルを開くときの注意事項

インターネット経由でダウンロードしたファイルを開く場合、「注意――インターネットから入手したファイルは、ウイルスに感染している可能性があります。編集する必要がなければ、ほぼビューのままにしておくことをお勧めします。」というメッセージバーが表示されることがあります。その場合は、［編集を有効にする］をクリックして操作を進めてください。

ダウンロードしたzipファイルを右クリックし、ショートカットメニューの［プロパティ］をクリックして、［全般］タブで［ブロックの解除］を行うと、上記のメッセージが表示されなくなります。

実習用データの内容

実習用データには、本書の実習で使用するデータと章ごとの完成例、復習問題や総合問題で使用するデータと完成例が収録されています。前の章の最後で保存したファイルを次の章で引き続き使う場合がありますが、前の章の学習を行わずに次の章の実習を始めるためのファイルも含まれています。

講習の手引きと問題の解答

本書を使った講習を実施される講師の方向けの「講習の手引き」と、復習問題と総合問題の解答をダウンロードすることができます。ダウンロード方法は、上記の「ダウンロード方法」を参照してください。

目次

第1章 入力作業をサポートする機能 1

入力をサポートする機能 ———————————————————————————— 2
  入力規則の設定 ———————————————————————————— 3
  ユーザー定義の表示形式 ———————————————————— 10
複数シートの操作 ———————————————————————————— 14
  複数シートの同時編集 ———————————————————————— 15
  独自の連続データを利用した入力 ———————————— 18
異なるシートのデータ活用 ———————————————————— 22
  データのリンク貼り付け ———————————————————— 22
  シート間の3-D集計 ———————————————————————— 26
  項目の構成や位置の異なる表の集計 ———————— 28

第2章 関数を使用した入力サポート 35

端数の処理を行う関数 ———————————————————————— 36
条件によって処理を分ける関数 ———————————————— 42
別の表からデータを取り出す関数 ———————————— 46
  VLOOKUP関数 ———————————————————————————— 47
  IF関数とVLOOKUP関数の組み合わせ ———————— 50
順位を自動的に入力する関数 ———————————————— 54

第3章 データの配布 61

シートやブックの保護 ———————————————————————— 62
  シートの保護 ———————————————————————————— 63
  ブックの保護 ———————————————————————————— 66
  最終版として設定 ———————————————————————— 68
ドキュメント検査とパスワード設定 ———————————— 70
  ドキュメント検査 ———————————————————————— 71
  パスワードの設定 ———————————————————————— 74
PDFファイルの作成 ———————————————————————— 78

第4章　データのビジュアル化　83

発展的なグラフ —————————————————— 84
　補助円グラフ付き円グラフ ——————————— 85
　データ系列の追加 ————————————————— 88
　種類の異なるグラフの組み合わせ ——————— 92
グラフの詳細設定 ———————————————————— 97
　データラベルとデータテーブル ————————— 98
　グラフ要素の書式設定 ————————————— 102
条件付き書式とスパークライン ————————— 107
　セルの強調表示ルールの設定 ————————— 108
　データバーとアイコンセットの設定 —————— 109
　条件付き書式のカスタマイズ ————————— 112
　スパークライン ————————————————— 117
グラフィックの活用 ——————————————————— 121
　SmartArtグラフィック ————————————— 122
　図形の挿入 ——————————————————— 127

第5章　データ分析の準備とデータベース機能　133

データベースの整形とデータベース機能 ————— 134
データベースの整形 —————————————————— 136
　フィールドの追加 ———————————————— 137
　フラッシュフィル ———————————————— 141
データベース機能の活用 —————————————— 147
　独自の順序による並べ替え —————————— 148
　フィルターの応用 ———————————————— 152
　スライサー ——————————————————— 156
　フィルターオプションによる高度な抽出 ———— 159
　データの自動集計 ———————————————— 166

(7)

| 第6章 | ピボットテーブルとピボットグラフ | 177 |

データをさまざまな角度から分析するツール —————————————— 178

ピボットテーブルの作成 —————————————————————————— 180

ピボットテーブルを使用した分析 ————————————————————— 185

    レイアウトの変更とデータの絞り込み ————————————— 187

    データのグループ化や計算方法の変更 ————————————— 197

    データの詳細な表示 ——————————————————————— 201

    ピボットテーブルの更新 ————————————————————— 204

ピボットテーブルの書式設定 —————————————————————— 206

ピボットグラフ ———————————————————————————— 212

付録　マクロによる作業の自動化 —————————————————— 225

総合問題 —————————————————————————————————— 233

索引 ————————————————————————————————————— 249

(8)

入力作業をサポートする機能

■ 入力をサポートする機能
■ 複数シートの操作
■ 異なるシートのデータ活用

入力をサポートする機能

効率良く、かつ正確にデータを入力するためには、入力方法を工夫することが大切です。Excelには、ユーザーの入力をサポートする機能が用意されています。

入力をサポートする代表的な機能は、次のとおりです。

■ 入力規則

入力規則は、セルに入力するデータの種類や値の範囲を制限するときなどに使用します。入力規則を設定すると、入力可能なデータの範囲を制限するだけでなく、設定外のデータを入力した場合にエラーメッセージを表示することもできます。また、一覧の中から選択する方式のリストを作成することもできます。

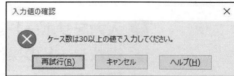

■ ユーザー定義の表示形式

ユーザー定義の表示形式は、ユーザーが表示形式を作成できる機能です。たとえば「1」と入力すると4桁になるよう「1」の前に3つの0を加えて「0001」、会社名を入力すると「御中」を付けて表示するなどの設定ができます。

入力規則の設定

入力規則は、セル単位に設定します。

> データの種類や範囲の設定は、[データの入力規則] ダイアログボックスの [設定] タブで、以下の手順で行います。
> 1. 入力するデータの種類を設定します。
> 2. データの範囲を設定します。
>
> また、設定内容を知らせたり、正しいデータ入力を促したりするためのエラーメッセージは、[エラーメッセージ] タブで設定します。

重要　入力規則を設定するタイミング

入力規則は、セルにデータを入力する前に設定する必要があります。データを入力後に入力規則を設定しても、入力済みのデータを修正することはできません。

操作 入力可能なデータの種類と範囲を設定する

セルに入力する最低ケース数を、30以上に制限する入力規則を設定しましょう。

Step 1 Excelを起動して [Excel2019応用] フォルダーのブック「請求書」を開きます。

Step 2 [データの入力規則] ダイアログボックスを開きます。

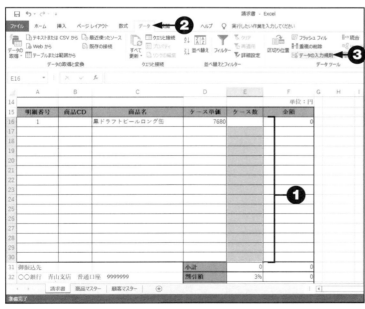

❶ シート「請求書」のセルE16〜E30を範囲選択します。

❷ [データ] タブをクリックします。

❸ [データの入力規則] ボタンをクリックします。

重要
ファイルを開く際の表示

ファイルを開くときに「保護ビュー　インターネットから入手したファイルはウイルスに感染している可能性があります。編集する必要がなければ、保護ビューのままにしておくことをお勧めします。」というメッセージバーが表示されることがあります。その場合は、[編集を有効にする]をクリックして操作を進めてください。

第1章　入力作業をサポートする機能　3

Step 3 入力値の種類を設定します。

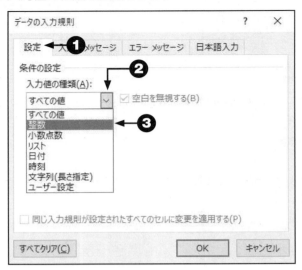

❶ [設定] タブが選択されていることを確認します。

❷ [入力値の種類] ボックスの▼をクリックします。

❸ [整数] をクリックします。

Step 4 データの範囲を指定します。

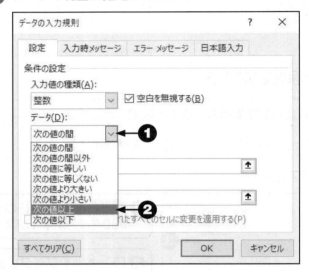

❶ [データ] ボックスの▼をクリックします。

❷ [次の値以上] をクリックします。

Step 5 制限する値を指定します。

❶ [最小値] ボックスに「30」と入力します。

※引き続き次の操作でエラーメッセージの設定を行うため、ここでは [OK] はクリックしません。

ヒント [入力値の種類]ボックス

[入力値の種類]ボックスでは、次の値を設定できます。

入力値の種類	機能
すべての値	既定値です。制限が設定されていないため、すべての値を入力できます。
整数	一定の範囲の整数だけを入力できるようにデータを制限します。
小数点数	一定の範囲の小数点数と整数だけを入力できるようにデータを制限します。
リスト	登録したデータだけをドロップダウンリストから入力できるようにします。
日付	一定の期間内の日付だけを入力できるようにデータを制限します。
時刻	一定の期間内の時刻だけを入力できるようにデータを制限します。
文字列（長さ指定）	一定の長さの文字列だけを入力できるようにデータを制限します。
ユーザー設定	他のセルの計算結果を参照して、データを制限する条件を指定します。

操作 エラーメッセージを設定する

入力規則の制限以外のデータを入力した際に、エラーメッセージが表示されるように設定しましょう。

Step 1 エラーメッセージのスタイルとタイトルを設定します。

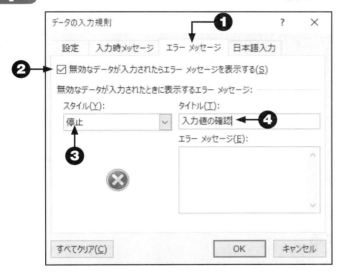

❶ [エラーメッセージ] タブをクリックします。

❷ [無効なデータが入力されたらエラーメッセージを表示する] チェックボックスがオンになっていることを確認します。

❸ [スタイル] ボックスに [停止] が選択されていることを確認します。

❹ [タイトル] ボックスに「入力値の確認」と入力します。

Step 2 エラーメッセージを入力します。

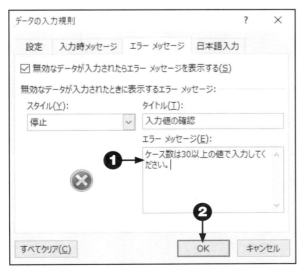

❶ [エラーメッセージ] ボックスに、「ケース数は30以上の値で入力してください。」と入力します。

❷ [OK] をクリックします。

ヒント　[エラーメッセージ]ボックスの入力を省略した場合

[入力規則]を設定したセルに範囲外のデータを入力すると、右のような既定のメッセージが表示されます。

ヒント　エラーメッセージのスタイルと動作

エラーメッセージのスタイルは、次の3種類から選択できます。無効なデータが入力された場合に、どのような操作を可能にするかを指定できます。

■ 停止

設定した入力規則の制限以外のデータをセルに入力することはできません。
- [再試行]をクリックすると、制限内のデータを入力できます。
- [キャンセル]をクリックすると、無効なデータの入力を取り消します。

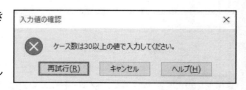

■ 注意

入力されたデータが無効であることを警告しますが、入力規則の制限以外のデータを入力することも可能です。
- [はい]をクリックすると、無効なデータでも入力できます。
- [いいえ]をクリックすると、制限内のデータを入力できます。
- [キャンセル]をクリックすると、無効なデータの入力を取り消します。

■ 情報

入力されたデータが無効であることを通知しますが、データの入力は可能です。
- [OK]をクリックすると、無効なデータをそのまま入力できます。
- [キャンセル]をクリックすると、無効なデータの入力を取り消します。

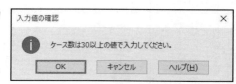

操作　ドロップダウンリストを作成する

セルB16～B30に、商品CD（商品コード）を選択するためのドロップダウンリストを作成しましょう。

Step 1 セルB16～B30を選択し、[データの入力規則]ボタンをクリックして、[データの入力規則]ダイアログボックスを開きます。

Step 2 データの種類を設定します。

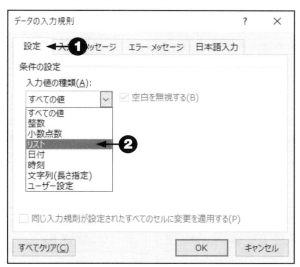

❶ [設定] タブをクリックします。

❷ [入力値の種類] ボックスの▼をクリックして [リスト] をクリックします。

Step 3 リストに表示する値を指定します。

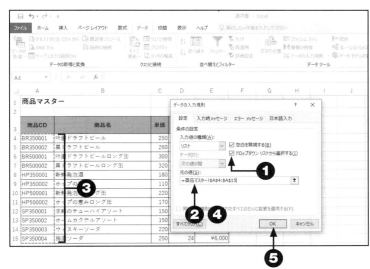

❶ [ドロップダウンリストから選択する] チェックボックスがオンになっていることを確認します。

❷ [元の値] ボックスをクリックします。

❸ シート「商品マスター」のセル A4～A15をドラッグします。

❹ [元の値] ボックス内に「=商品マスター !$A$4:$A$15」と表示されていることを確認します。

❺ [OK] をクリックします。

Step 4 任意のセルをクリックして、選択を解除します。

💡 **ヒント** [元の値] ボックスの範囲

[元の値] ボックスに表示されている「=商品マスター !$A$4:$A$15」は、シート「商品マスター」のセル「A4～A15」の範囲であることを表しています。

💡 **ヒント** 元になるリストがない場合の設定方法

ドロップダウンリストに表示するリストが作成されていない場合は、[設定] タブの [元の値] ボックスに、リストとして表示したいデータを「,」(カンマ) で区切って入力します。

第1章 入力作業をサポートする機能 | 7

ヒント ダイアログボックスの拡大/縮小

[データの入力規則] ダイアログボックスがリストの元の値の表に重なるときは、[折りたたみ] ボタンをクリックすると、ダイアログボックスが縮小されます。元のサイズに戻すには、[展開] ボタンをクリックします。

操作 入力規則を確認する

ドロップダウンリストを使って、黒ドラフトビールロング缶の商品CD「BR500002」を入力しましょう。また、セルE16に30未満の数値を入力して、エラーメッセージが表示されることを確認しましょう。

Step 1 ドロップダウンリストを使って、商品CDを入力します。

❶ セルB16をクリックし、▼をクリックします。

❷ ドロップダウンリストが表示されることを確認します。

❸ [BR500002] をクリックします。

Step 2 セルB16に商品CD「BR500002」が入力されたことを確認します。

Step 3 セルE16に30未満の数値を入力します。

❶ セルE16をクリックします。

❷ 「25」と入力して、Enterキーを押します。

Step 4 入力値を確認するエラーメッセージが表示されます。

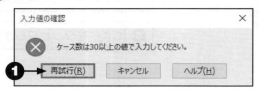

❶ [再試行] をクリックします。

Step 5 セルE16に30以上である「54」を入力し、エラーメッセージが表示されないことを確認します。

ヒント その他の入力規則

入力規則では、入力時メッセージを表示したり、日本語入力をコントロールしたりすることもできます。

■ 入力時メッセージ

[データの入力規則] ダイアログボックスの [入力時メッセージ] タブで設定を行うと、セルを選択したときに、ポップヒントのようなメッセージを表示できます。

8 　入力をサポートする機能

■ 日本語入力
[日本語入力] タブで設定を行うと、セルを選択したときに、日本語入力システムのオン/オフや入力モードを自動的に切り替えることができます。

ヒント　入力規則の削除
入力規則を削除したいセルを選択し、[データ] タブの [データの入力規則] ボタンをクリックして [データの入力規則] ダイアログボックスを開き、[すべてクリア] をクリックします。

ヒント　コメントの挿入
セルに補足説明や注釈を付けたいときはコメントを使うと便利です。コメントを設定すると、セルの右上隅に赤い三角形が表示されます。コメントの内容は、セルをポイントすると表示されます。

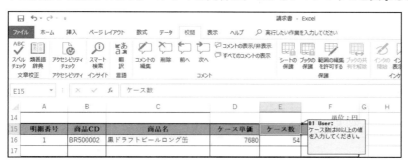

■ コメントの挿入
セルにコメントを挿入するには、次の手順で操作します。

1. コメントを挿入するセルをクリックし、[校閲] タブの [新しいコメント] ボタンをクリックします。

2. セルにコメントが挿入されたことを確認し、コメントとして表示したい内容を入力します。
3. 任意のセルをクリックしてコメントを確定します。
■コメントの作成者名
コメントには、自動的にコメントの作成者の名前が入力されます。コメントの作成者名は、文字データと同じように、DeleteキーやBackSpaceキーを使って削除することができます。
■コメントの編集または削除
挿入したコメントは編集したり削除したりすることができます。コメントを挿入したセルをクリックし、[コメントの編集] ボタンまたは [削除] ボタンをクリックします。

第1章　入力作業をサポートする機能　9

ユーザー定義の表示形式

Excelにあらかじめ登録されている組み込みの表示形式のほかに、ユーザー独自の表示形式を設定することができます。ユーザー定義の表示形式は、数値、桁区切り、日付や時間、文字列などについての書式記号を使用して作成します。

操作 入力数値を4桁で表示する

明細番号のセルに、たとえば数値「1」を入力すると、先頭に「000」を補って4桁の「0001」と表示されるように、ユーザー定義の表示形式を設定しましょう。

Step 1 [セルの書式設定] ダイアログボックスを開きます。

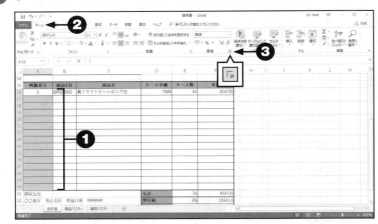

❶ セルA16～A30を範囲選択します。

❷ [ホーム] タブをクリックします。

❸ [数値] グループ右下の [表示形式] ボタンをクリックします。

Step 2 ユーザー定義の表示形式を設定します。

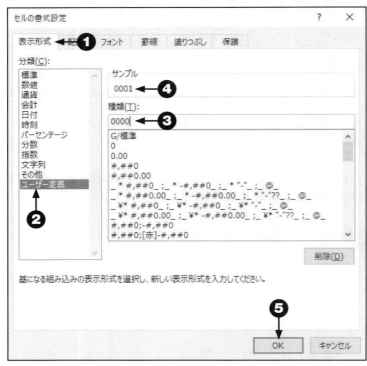

❶ [表示形式] タブが選択されていることを確認します。

❷ [分類] ボックスの [ユーザー定義] をクリックします。

❸ [種類] ボックスに「0000」と入力します。

❹ [サンプル] に「0001」と表示されていることを確認します。

❺ [OK] をクリックします。

Step 3 範囲選択を解除して、明細番号が4桁で表示されていることを確認します。

	A	B	C	D	E
14					
15	明細番号	商品CD	商品名	ケース単価	ケース数
16	0001	BR500002	黒ドラフトビールロング缶	7680	54
17					
18					
19					
20					
21					

用語　ダイアログボックスの起動

リボンの各タブに配置されたボタンはグループごとにまとめられています。そのグループ名の右下隅の位置に表示されている ボタンをクリックすると、対象のグループに含まれる設定を行うためのダイアログボックスが開きます。ダイアログボックスでは、複数の設定をまとめて行ったり、ボタンでは設定できない詳細設定を行ったりすることができます。

操作　文字列を補って表示する

「株式会社ミナトマーケット」に「　御中」を補って表示するように、ユーザー定義の表示形式を設定しましょう。

Step 1 セルA6をクリックし、[数値] グループ右下の [表示形式] ボタンをクリックして、[セルの書式設定] ダイアログボックスを開きます。

Step 2 ユーザー定義の表示形式を設定します。

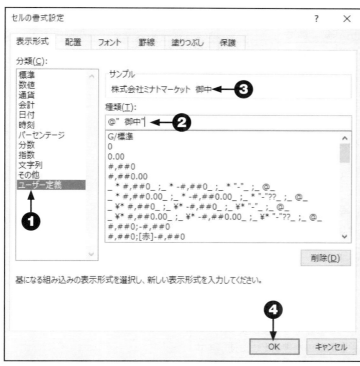

❶ [表示形式] タブの [分類] ボックスで [ユーザー定義] をクリックします。

❷ [種類] ボックスに「@" 御中"」と入力します。

❸ [サンプル] に「株式会社ミナトマーケット　御中」と表示されていることを確認します。

❹ [OK] をクリックします。

ヒント　文字列の表示形式

セルに入力されている文字列を指定するには、「@」を使用します。追加する文字列は「"」(半角のダブルクォーテーション) で囲みます。

Step 3 「株式会社ミナトマーケット」の後に「　御中」が補われて表示されていることを確認します。

	A	B	C	D	E
1					
2	請求番号	MAY-R001			御請求日
3					
4			請　求　書		
5					
6	株式会社ミナトマーケット　御中				
7	下記の通り御請求申し上げます。				アオヤマビー
8					〒107-0062
9					東京都港区南
10					TEL：03-543

A6 ▼ ： × ✓ *fx* 株式会社ミナトマーケット

Step 4 ブックを [保存用] フォルダーに保存して閉じます。

💡 **ヒント** **ユーザー定義の表示形式で使う書式記号**

ユーザー定義の表示形式では、次のような記号を使って、いろいろな表示形式を設定することができます。

■ 数値の表示形式で使う記号

数値の表示形式を設定するときは、以下の記号を使います。

記号	意味
0（ゼロ）	数値の位取りを表します。指定した桁数に応じて「0」（ゼロ）を補って表示します。
#	数値の位取りを表します。有効な桁数だけを表示し、余分な「0」（ゼロ）は表示しません。
.（ピリオド）	数値に小数点を表示します。
,（カンマ）	数値に桁区切り記号のカンマを表示します。また1,000の位で数値を表示するときは、0や#の位取り記号の後に「,」を入力します。

■ 数値の表示形式の設定と表示結果

表示形式	入力データ	表示結果	補足
#,###	123456	123,456	
	123	123	
	0	空白	「0」の場合は、空白になります。
#,##0	123456	123,456	
	0	0	「0」の場合は、「0」が表示されます。
#,###,	123456789	123,457	表示形式の末尾にカンマを1つ付けると、1000で割って小数部を四捨五入して表示します。
0000	123	0123	表示形式よりデータの桁数が少ない場合は、前に「0」を補って表示されます。

■ 日付の表示形式で使う記号

日付の表示形式を設定するときは、以下の記号を使います。

記号	意味
m	月を表すときに使います。
d	日および英語表記の曜日を表すときに使います。
y	西暦で年を表すときに使います。
g,e	和暦の年号を表すときに使います。
a	日本語表記の曜日を表すときに使います。

12 入力をサポートする機能

■ 日付の表示形式の設定と表示結果

2019/4/9をセルに入力した場合を例に説明します。

英語表記		日本語表記	
表示形式	表示結果	表示形式	表示結果
yy/m/d	19/4/9	ggge"年"m"月"d"日"	平成31年4月9日
yyyy/mm/dd	2019/04/09	gge"年"m"月"d"日"	平31年4月9日
d-mmm	9-Apr	ge"年"m"月"d"日"	H31年4月9日
dd-mmmm	09-April	m"月"d"日"(aaa)	4月9日(火)
m/dd(ddd)	4/09(Tue)	m"月"d"日"(aaaa)	4月9日(火曜日)
m/dd(dddd)	4/09(Tuesday)	mm/dd(aaa)	04/09(火)

※2019年5月1日以降の和暦については更新プログラムによって新しい元号が適用されます。

💡 **ヒント**

ユーザー定義の表示形式の削除

設定したユーザー定義の表示形式が必要でなくなった場合は削除することができます。ユーザー定義の表示形式を削除するには、次の手順で操作します。

1. [ホーム] タブの [数値] グループ右下の 🔲 [表示形式] ボタンをクリックして、[セルの書式設定] ダイアログボックスを開きます。
2. [表示形式] タブで [分類] ボックスの [ユーザー定義] をクリックします。
3. [種類] ボックスの一覧の削除したいユーザー定義の表示形式をクリックして [削除] をクリックします。

削除したユーザー定義の表示形式を使用して書式を設定していたセルは、既定の「標準」形式で表示されます。

第1章 入力作業をサポートする機能

複数シートの操作

Excelの作業では、複数のシートに同じ操作や同じ書式設定を繰り返して行うことがあります。このようなときは、ワークシートをグループ化して、複数のシートを同時に編集すると効率的です。また、独自の並び順のデータを何度も入力する場合は、オートフィル機能を使って入力できるように、その並び順を登録することなども考えて作業します。

複数のシートで何度も同じ設定や操作する場合、ワークシートのグループ化やオートフィル機能を使用した独自の連続データを利用すると、作業を効率的に進めることができます。

■ ワークシートのグループ化

ワークシートをグループ化してから編集を行うと、一度の操作で複数のシートに対して同じ操作を行ったり、同じ書式を設定したりすることができます。

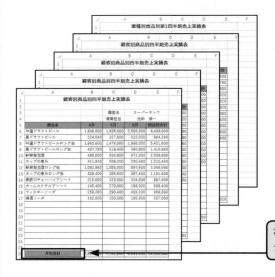

複数のシートの同じセルの編集が可能

■ 独自の連続データの利用

独自の並び順のデータを何度も利用するときは、そのデータをユーザー設定リストに登録すると、オートフィル機能を利用して連続データとして入力できるようになります。

複数シートの同時編集

複数のシートに共通する作業を行うには、ワークシートをグループ化して同時に編集します。ワークシートのグループ化とは、作業対象となる複数のシートを同時に選択する操作です。

> 複数シートを同時に編集するには、以下の手順で操作します。
> 1. 複数のワークシートをグループ化します。
> 2. 共通する作業を実行します。
> 3. ワークシートのグループ化を解除します。

操作 ☞ 複数シートをグループ化する

「サトウ」、「ダイオー」、「ミナト」、「ヨニー」、「第1四半期売上実績表」の5枚のシートを選択してグループ化しましょう。

Step 1 [Excel2019応用] フォルダーのブック「顧客別商品別四半期売上実績」を開きます。

Step 2 シートの内容を確認します。

❶ 6枚のシートがあることを確認します。

❷「サトウ」から「第1四半期売上実績表」までシートを切り替えて、各シートのセルA26に「合計」と入力されていることを確認します。

Step 3 ワークシートをグループ化します。

❶ シート見出し「サトウ」をクリックします。

❷ **Shift**キーを押しながら、シート見出し「第1四半期売上実績表」をクリックします。

Step 4 ワークシートがグループ化されたことを確認します。

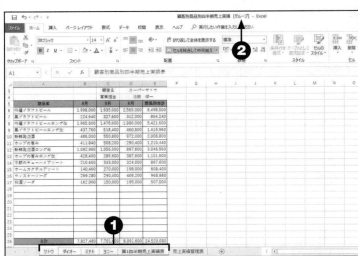

❶ ワークシートがグループ化され、グループ化されたシートのシート見出しの下に緑の線が表示されます。

❷ タイトルバーに [グループ] と表示されます。

💡 **ヒント**
グループ
ワークシートをグループ化すると、タイトルバーに [グループ] と表示されます。

操作☞ データの修正と書式設定を行う

グループ化されたシートのセルA26の「合計」を、「月別合計」に修正し、太字にしましょう。

Step 1 データを修正します。

❶ セルA26をクリックします。

❷「合計」を、「月別合計」に修正します。

Step 2 太字にします。

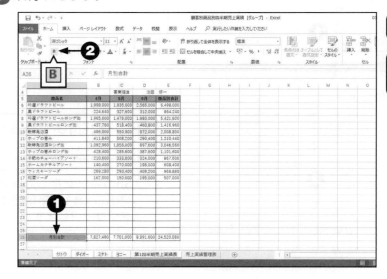

❶ セルA26をクリックします。

❷ [ホーム] タブの [太字] ボタンをクリックします。

16　複数シートの操作

Step 3 セルA26に太字が設定されたことを確認します。

月別合計	7,827,480	7,701,000	8,991,600	24,520,080

操作 ワークシートのグループ化を解除する

ワークシートのグループ化を解除して、「サトウ」、「ダイオー」、「ミナト」、「ヨニー」、「第1四半期売上実績表」の5枚のシートのセルA26のデータが修正され、太字が設定されていることを確認しましょう。

Step 1 ワークシートのグループ化を解除します。

❶ シート見出し「サトウ」を右クリックします。

❷ [シートのグループ解除] をクリックします。

💡 **ヒント**
グループ化の解除
グループ化されたシートであれば、どのシート見出しで右クリックしてもかまいません。また、グループ化されたシート以外のシート見出しをクリックしても、グループ化が解除されます。

Step 2 ワークシートのグループ化が解除されたことを確認します。

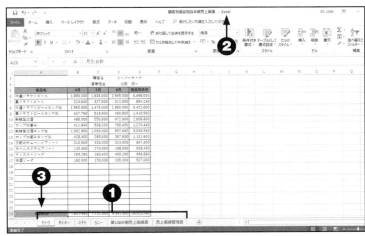

❶ アクティブシート以外のシート見出しの緑の線がなくなっていることを確認します。

❷ タイトルバーから[グループ] の表示が消えたことを確認します。

❸ 「サトウ」、「ダイオー」、「ミナト」、「ヨニー」、「第1四半期売上実績表」の各シートのセルA26のデータが修正され、太字が設定されていることを確認します。

第1章 入力作業をサポートする機能　*17*

独自の連続データを利用した入力

日付や時刻などの規則的に連続するデータはオートフィル機能を使って自動的に入力することができます。独自の連続データを入力するには、まず連続データをユーザー設定リストに登録します。次に、オートフィル機能を使って連続データを入力します。

操作 ユーザー設定リストを登録する

シート「サトウ」に入力されている商品名を基に、ユーザー設定リストを作成しましょう。

Step 1 ユーザー設定リストに登録する項目を指定します。

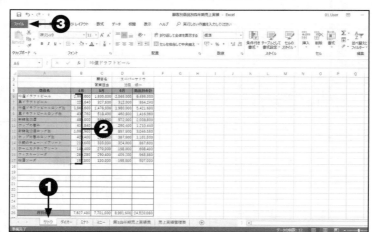

❶シート「サトウ」をアクティブにします。

❷セルA6〜A17を範囲選択します。

❸[ファイル]タブをクリックします。

Step 2 [Excelのオプション]ダイアログボックスを開きます。

❶[オプション]をクリックします。

Step 3 [ユーザー設定リスト]ダイアログボックスを開きます。

❶ [詳細設定]をクリックします。

❷ [全般]の[ユーザー設定リストの編集]をクリックします。

Step 4 範囲選択したセル範囲のデータをインポートします。

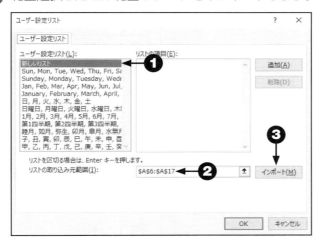

❶ [新しいリスト]が選択されていることを確認します。

❷ [リストの取り込み元範囲]ボックスに「$A$6:$A$17」と表示されていることを確認します。

❸ [インポート]をクリックします。

Step 5 ユーザー設定リストを登録します。

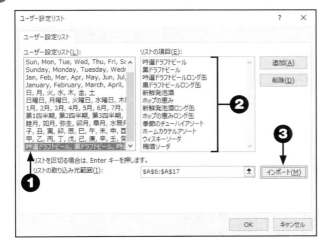

❶ [ユーザー設定リスト]ボックスの一覧の最終行に、インポートしたデータが追加されていることを確認します。

❷ [リストの項目]ボックスで登録内容と順序を確認します。

❸ [OK]をクリックします。

Step 6 [OK]をクリックして、[Excelのオプション]ダイアログボックスを閉じます。

💡 ヒント　ユーザー設定リストの元データがない場合

元になるデータがない場合は、[リストの項目]ボックス内をクリックし、リストとして登録したいデータを**Enter**キーで改行しながら入力します。

操作 ユーザー設定リストを使用して入力する

登録したユーザー設定リストを使って、オートフィル機能でシート「第1四半期売上実績表」に商品名を入力しましょう。

Step 1 シート「第1四半期売上実績表」をアクティブにします。

Step 2 オートフィル機能を使って商品名を入力します。

❶ セルA6をクリックし「吟選ドラフトビール」と入力されていることを確認します。

❷ フィルハンドル(■)をポイントし、マウスポインターの形が ✚ になっていることを確認します。

❸ セルA17までドラッグします。

Step 3 範囲選択を解除し、列Aの幅を調整してユーザー設定リストに登録した商品名が入力されたことを確認します。

💡 ヒント
全角/半角の区別

入力した英数字やカタカナが半角の場合、ユーザー設定リストに登録した項目が全角であっても半角で入力されます。

💡 ヒント ユーザー設定リストの活用

ユーザー設定リストとして登録した項目は、独自の並べ替え順序としても利用することができます。[データ]タブの[並べ替え]ボタンをクリックし、[並べ替え]ダイアログボックスで[順序]の[ユーザー設定リスト]をクリックすると、ユーザー設定リストに登録した順序で並べ替えを行うことができます。

ヒント ユーザー設定リストの削除

ユーザー設定リストが不要になった場合は削除することができます。登録したユーザー設定リストを削除するには、次の手順で操作します。ただし、組み込みリスト（最初からExcelに用意されているリスト）の項目を削除することはできません。

1. [ファイル] タブをクリックし、[オプション] をクリックして、[Excelのオプション] ダイアログボックスを開きます。
2. [詳細設定] の [全般] にある [ユーザー設定リストの編集] をクリックして、[ユーザー設定リスト] ダイアログボックスを開きます。
3. [ユーザー設定リスト] ボックスの一覧で削除したいリストをクリックして、[削除] をクリックします。

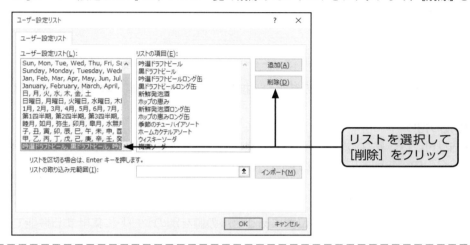

異なるシートのデータ活用

既存の表のデータを別の表で活用することができるか、また、同じブックの別のシート間で集計作業ができるかを考えながら、効率的に作業を行いましょう。
複数のワークシートの値を参照したり集計したりする場合は、リンク貼り付け、3-D集計、統合を利用すると便利です。

Excelには、別のシートのデータの参照や、複数のワークシート間の集計を行う機能があります。

■ リンク貼り付け
リンク貼り付けは、異なるワークシートや異なるブックの値を参照する機能です。頻繁に書き換わるデータの内容を別表にして値を貼り付ける、というような使い方ができます。

■ 3-D集計
3-D集計は、異なるシートの同じ位置にあるセルの値を別のシートに集計する機能です。表全体を対象として3-D集計を行う場合は、表のレイアウトや項目の構成が同一の形式である必要があります。

■ 統合
統合は、複数のワークシートにあるデータの並び方や位置の異なる表を1つの表に集計する機能です。項目数や項目の並び順が統一されていない表の集計をするときなどに使用します。

データのリンク貼り付け

コピーしたデータをリンク貼り付けすると、リンク元のデータが書き換わった場合、貼り付け先のデータも更新されます。

....

操作 コピーしたデータをリンク貼り付けする

....

シート「サトウ」、「ダイオー」、「ミナト」、「ヨニー」の各シートの月別合計をコピーして、シート「売上実績管理表」にリンク貼り付けしましょう。

22　異なるシートのデータ活用

Step 1 リンク元のデータをコピーします。

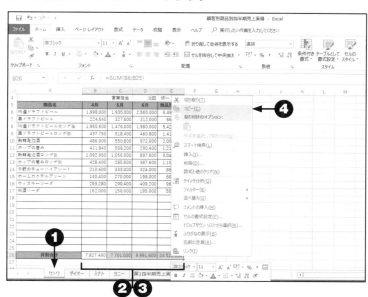

❶ シート「サトウ」をアクティブにします。

❷ セルB26〜E26を範囲選択します。

❸ 選択した範囲を右クリックします。

❹ ショートカットメニューの［コピー］をクリックします。

Step 2 シート「売上実績管理表」をアクティブにし、セルC4をクリックします。

Step 3 リンク貼り付けします。

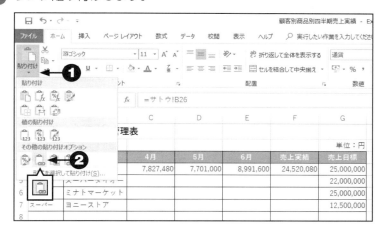

❶ ［ホーム］タブの［貼り付け］ボタンの▼をクリックします。

❷ ［その他の貼り付けオプション］の［リンク貼り付け］をクリックします。

💡 **ヒント**
貼り付けオプション
［貼り付け］ボタンの▼をクリックすると、貼り付けオプションが表示されます。貼り付けオプションはショートカットメニューの中にも表示されます。

Step 4 「スーパーサトウ」の行に、コピーしたデータがリンク貼り付けされたことを確認します。

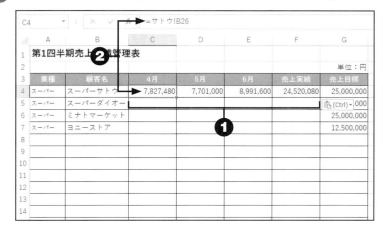

❶ セルC4〜F4にシート「サトウ」の月別合計が表示されていることを確認します。

❷ セルC4をクリックし、数式バーに「=サトウ!B26」と表示されていることを確認します。

第1章　入力作業をサポートする機能　23

Step 5 同様にして、残りの3つのシートの月別合計を、シート「売上実績管理表」にリンク貼り付けします。

リンク元	リンク貼り付け先
シート「ダイオー」のセルB26〜E26	セルC5〜F5
シート「ミナト」のセルB26〜E26	セルC6〜F6
シート「ヨニー」のセルB26〜E26	セルC7〜F7

Step 6 シート「売上実績管理表」のセルC7（4月のヨニーストアの売上）に「3,888,540」と表示されていることを確認します。

Step 7 リンク元のデータを変更します。

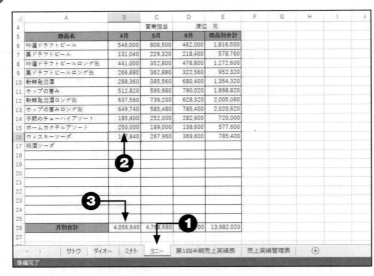

❶ シート「ヨニー」をアクティブにします。

❷ セルB15（4月のホームカクテルアソートの売上）に「250000」と入力します。

❸ セルB26の値が再計算され、「4,056,640」に変わったことを確認します。

Step 8 シート「売上実績管理表」をアクティブにします。

Step 9 リンク先のデータが更新されたことを確認します。

❶ セルC7の値が更新され、「4,056,640」に変わったことを確認します。

💡 **ヒント**
異なるブックのリンク
同一ブック内でのリンク貼り付けの場合は自動更新されますが、異なるブック間でのリンク貼り付けの場合には、リンク元のブックを変更後、ブックを閉じていた場合には自動更新を行うかどうかの確認メッセージが表示されます。

ヒント 貼り付けオプションのボタン

[貼り付け]ボタンの▼をクリックすると、貼り付けオプションのギャラリーにボタンが表示されます。それぞれのボタンの機能は次のとおりです。

分類	ボタン	機能
貼り付け	貼り付け	コピー元のセルの内容と書式をすべて貼り付けます。
	数式	コピー元のセルの数式だけを貼り付けます。
	数式と数値の書式	コピー元のセルの数式と数値の表示形式のオプションだけを貼り付けます。
	元の書式を保持	コピー元のセルに設定されている書式を保持した状態でセルの内容を貼り付けます。
	罫線なし	罫線を除く、コピー元のセルの内容と書式を貼り付けます。
	元の列幅を保持	コピー元の列幅を保持した状態でセルの内容と書式を貼り付けます。
	行列を入れ替える	コピー元の行と列を入れ替えて貼り付けます。
値の貼り付け	値	コピー元のセルに表示された値だけを貼り付けます。
	値と数値の書式	コピー元のセルの値と数値の表示形式のオプションだけを貼り付けます。
	値と元の書式	コピー元のセルに表示された値とセルに設定されている書式を貼り付けます。
その他の貼り付けオプション	書式設定	コピー元のセルに設定されている書式だけを貼り付けます。
	リンク貼り付け	コピー元のセルを参照する数式を貼り付けます。
	図	コピー元のセルの内容と書式を図として貼り付けます。
	リンクされた図	コピー元のセルの内容と書式をリンクされた図として貼り付けます。コピー元の内容が書き換わった場合は、図の内容が更新されます。

ヒント [形式を選択して貼り付け]ダイアログボックス

[貼り付け]ボタンの▼をクリックして[形式を選択して貼り付け]をクリックすると、[形式を選択して貼り付け]ダイアログボックスが開きます。[形式を選択して貼り付け]ダイアログボックスでは、コメントや入力規則、演算を行った結果など、貼り付けオプションのギャラリーでは指定できない項目を指定して貼り付けを行うことができます。

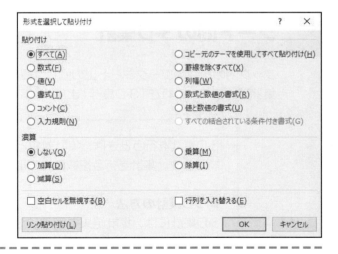

第1章 入力作業をサポートする機能

ヒント 参照数式について

リンク貼り付けをしたセルには、元のセルを参照する数式が貼り付けられます。セルを参照する数式を直接入力して、リンクを設定することもできます。
セルを参照する数式は、参照元によって異なります。

参照元	参照数式	数式例
同一ワークシート内	＝セル参照	＝B26
同一ブックの別のワークシート	＝シート名!セル参照	＝サトウ!B26
別のブック	・ブックを開いているとき ＝'[ブック名]シート名'!セル参照	＝'[顧客別商品別四半期売上実績]サトウ'!B26
	・ブックを閉じているとき ＝'ドライブ(パス)上のブックの位置¥[ブック名]シート名'!セル参照	＝'C:¥Users¥User01¥Documents¥Excel2019応用¥[顧客別商品別四半期売上実績.xlsx]サトウ'!B26

ヒント リンク元の変更

ブックから別のブックにリンク貼り付けをしたあとで、リンク元ブックの保存先を移動したり、ブック名を変更したりした場合は、リンク元を変更します。リンク元を変更するには以下の手順で操作します(リンク貼り付けをしたブックを開くと、セキュリティの警告メッセージが表示され、リンクの自動更新が無効になります。その場合は、[コンテンツの有効化]をクリックしてから操作を行います)。

1. [データ]タブをクリックし、 [リンクの編集] [リンクの編集]ボタンをクリックして[リンクの編集]ダイアログボックスを開きます。
2. [リンク元の変更]をクリックして[リンク元の変更]ダイアログボックスを開き、リンク元ブックを指定します。

シート間の3-D集計

ブック内の複数のワークシート上の同じ位置に、同じ形式の表がある場合は、そこに入力されているデータを集計できます。これを「3-D集計」または「串刺し演算」といいます。

> 3-D集計を行うときは、集計対象となる表のレイアウトや項目の構成が同一であるかどうかを確認します。集計を行う複数の表の形式が同一になっている場合は、3-D集計を実行します。
>
> ■ 3-D集計の方法
> 3-D集計には、集計結果を表示したい範囲を選択して数式の入力を行う方法と、1つのセルに数式を入力してから数式をコピーする方法があります。

■ 3-D集計できる関数の種類

3-D集計では、次の関数などを使って、数式を作成することができます。

計算方法	関数名
合計	SUM関数
平均	AVERAGE関数
数値の個数	COUNT関数
空白以外のセルの個数	COUNTA関数
最大値	MAX関数
最小値	MIN関数

操作 3-D集計を行う

シート「第1四半期売上実績表」で、集計結果を表示したいセルを選択してから、「サトウ」、「ダイオー」、「ミナト」、「ヨニー」の各シートの商品別月別の売上実績を集計しましょう。

Step 1 合計を表示するセル範囲に数式を入力します。

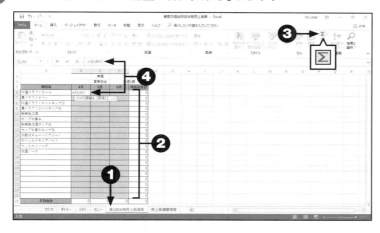

❶ シート「第1四半期売上実績表」をアクティブにします。

❷ セルB6～D25を範囲選択します。

❸ [ホーム] タブの [合計] ボタンをクリックします。

❹ セルB6と数式バーに「=SUM()」と表示されていることを確認します。

Step 2 集計するワークシートを選択し、データの先頭の位置を指定します。

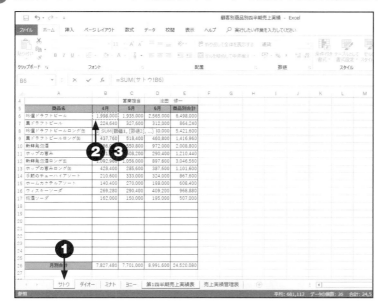

❶ シート見出し「サトウ」をクリックします。

❷ セルB6をクリックします。

❸ セルB6が点滅する破線で囲まれます。

💡 ヒント
3-D集計の計算方法

集計方法によって [合計] ボタンの一覧から適切な関数を選択します。合計を求める場合は、Σの部分をクリックすると効率的です。

Step 3 集計するワークシートを選択します。

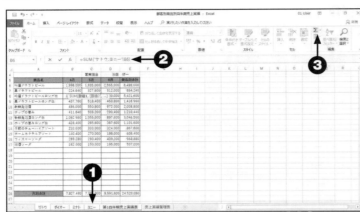

❶ **Shift**キーを押しながら、シート見出し「ヨニー」をクリックします。

❷ 数式バーに「=SUM('サトウ:ヨニー'!B6)」と表示されていることを確認します。

❸ [合計] ボタンをクリックします。

Step 4 範囲選択を解除して、3-D集計の計算結果が表示されていることを確認します。

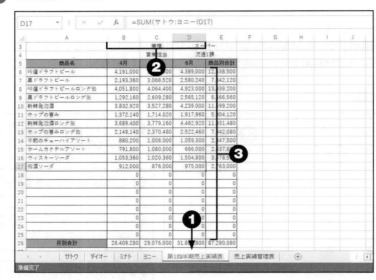

❶ シート「第1四半期売上実績表」が表示されていることを確認します。

❷ 列B～Dの幅を自動調整します。

❸ 集計結果が表示されたB6～D25のそれぞれのセルをクリックして、数式を確認します。

 ヒント
1回の操作で3-D集計を行う場合
集計結果を表示したい範囲全体を選択して1回の操作で数式の入力を行う場合は、再度 [合計] ボタンを使用します。数式を確定するために**Enter**キーを押すと、選択した範囲の左上隅のセルだけに集計結果が表示されるので注意してください。

Step 5 ブックを [保存用] フォルダーに保存して閉じます。

項目の構成や位置の異なる表の集計

集計対象となる表のレイアウトが異なっていて項目の構成が類似している場合は、「統合」を利用して集計します。

> 統合による集計を行う前に、まず集計対象となる表のレイアウトや構成を確認します。集計を行う表の形式が少し異なる場合は、「統合」を利用して集計を行います。
> 統合の集計方法には、「項目による統合」と「位置による統合」があります。統合を利用する前に集計方法を決めておく必要があります。

28 異なるシートのデータ活用

操作 ☞ 統合による集計を行う

ブック「商品別四半期売上実績」を開き、「ジェームス」、「ドンキー」、「ミセスマックス」、「ロジャー」の各シートにある形式の異なる表を1つにまとめて、シート「流通3課実績」にデータの合計を集計しましょう。

Step 1 [Excel2019応用] フォルダーのブック「商品別四半期売上実績」を開きます。

Step 2 「ジェームス」、「ドンキー」、「ミセスマックス」、「ロジャー」の各シートを表示し、表のレイアウト、項目の構成を確認します。

Step 3 統合先の表の基点を指定し、[統合の設定] ダイアログボックスを開きます。

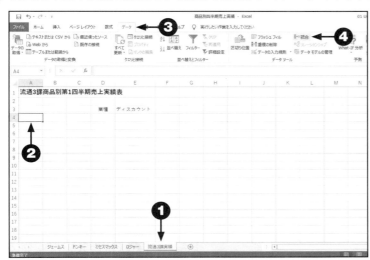

❶ シート「流通3課実績」をアクティブにします。

❷ セルA4をクリックします。

❸ [データ] タブをクリックします。

❹ [統合] ボタンをクリックします。

Step 4 集計方法を選択します。

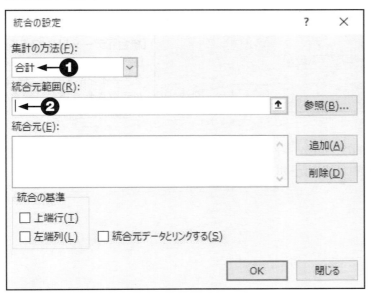

❶ [集計の方法] ボックスに [合計] と表示されていることを確認します。

❷ [統合元範囲] ボックスにカーソルが表示されていることを確認します。

💡 ヒント
集計の方法の種類
集計の方法は、合計のほかに、個数、平均、最大、最小、積、数値の個数などがあります。

第1章 入力作業をサポートする機能

Step 5 統合元範囲を選択します。

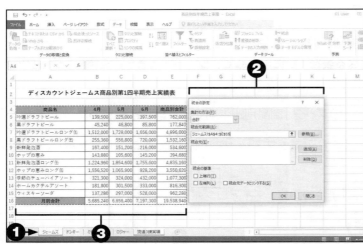

❶ シート見出し「ジェームス」をクリックします。

❷ 表と重ならない位置に、[統合の設定] ダイアログボックスを移動します。

❸ セルA4〜E16を範囲選択します。

💡 **ヒント**
統合元範囲の範囲選択
統合元のセルをドラッグして範囲選択すると、[統合の設定] ダイアログボックスが自動的に縮小されます。マウスのボタンを離すと元のサイズに戻ります。

Step 6 統合元範囲を追加します。

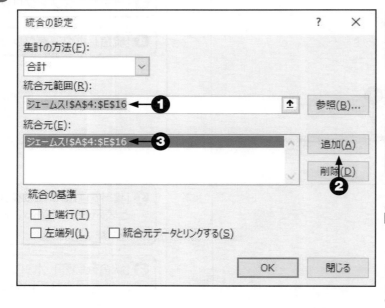

❶ [統合元範囲] ボックスに「ジェームス!$A$4:$E$16」と表示されていることを確認します。

❷ [追加] をクリックします。

❸ [統合元] ボックスに、「ジェームス!$A$4:$E$16」が追加されたことを確認します。

💡 **ヒント**
[統合元データとリンクする]チェックボックス
[統合元データとリンクする] チェックボックスをオンにすると、統合元範囲のデータが変更された場合、統合先範囲のデータが自動的に更新されます。

Step 7 同様に、シート「ドンキー」のセルB4〜F17、シート「ミセスマックス」のセルC5〜G17、シート「ロジャー」のセルB6〜F17を、[統合元] ボックスに追加します。

30　異なるシートのデータ活用

Step 8 統合の基準を設定し、統合を利用して集計します。

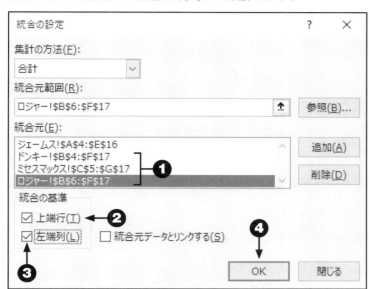

❶ [統合元範囲] ボックスに「ドンキー!$B$4:$F$17」、「ミセスマックス!$C$5:$G$17」、「ロジャー!$B$6:$F$17」が追加されていることを確認します。

❷ [上端行] チェックボックスをオンにします。

❸ [左端列] チェックボックスをオンにします。

❹ [OK] をクリックします。

Step 9 範囲選択を解除して列幅を調整し、各ワークシートのデータが統合され、数値の合計が集計されていることを確認します。

	A	B	C	D	E	F	G	H
1	流通3課商品別第1四半期売上実績表							
2								
3					率種	ディスカウント		
4		4月	5月	6月	商品別合計			
5	吟選ドラフトビール	828,000	1,192,500	1,531,500	3,552,000			
6	黒ドラフトビール	333,840	326,040	469,560	1,129,440			
7	吟選ドラフトビールロング缶	5,979,600	10,364,400	8,859,600	25,203,600			
8	黒ドラフトビールロング缶	1,545,600	2,250,240	2,194,560	5,990,400			
9	新鮮発泡酒	867,240	740,880	1,206,360	2,814,480			
10	ホップの恵み	302,940	396,660	469,260	1,168,860			
11	新鮮発泡酒ロング缶	6,188,160	6,271,320	5,561,160	18,020,640			
12	ホップの恵みロング缶	4,416,420	5,210,280	5,027,700	14,654,400			
13	季節のチューハイアソート	1,249,200	1,657,800	1,947,600	4,854,600			
14	ホームカクテルアソート	810,900	1,683,900	1,520,100	4,014,900			
15	ウィスキーソーダ	483,120	1,223,640	2,011,680	3,718,440			
16	梅酒ソーダ	652,500	1,620,000	2,080,500	4,353,000			
17	月別合計	23,657,520	32,937,660	32,879,580	89,474,760			

Step 10 ブックを [保存用] フォルダーに保存して閉じます。

💡 ヒント　統合の基準

表の項目による統合を行うときは、項目見出しを含めて統合元範囲を選択します。これらの見出しは統合先範囲で使用されます。[統合の設定] ダイアログボックスの [上端行] または [左端列] のいずれかのチェックボックスがオンの場合は項目による統合が行われ、チェックボックスがどちらもオフの場合は位置による統合が行われます。

💡 ヒント　統合の種類

統合には、項目による統合と位置による統合があります。用途に応じてどちらで集計するかを使い分けます。

種類	用途
項目による統合	・表のレイアウト、項目の並び順、および数が異なる ・項目の行数や列数が異なる
位置による統合	・項目の行数や列数、表のレイアウトや項目の構成が同じ

この章の確認

- ☐ 入力可能なデータの種類およびエラーメッセージを設定することができますか？
- ☐ ドロップダウンリストを作成することができますか？
- ☐ 数値をユーザー定義の表示形式で表示することができますか？
- ☐ 文字列をユーザー定義の表示形式で表示することができますか？
- ☐ 複数シートをグループ化することができますか？
- ☐ 複数シートを同時に編集することができますか？
- ☐ ワークシートのグループ化を解除することができますか？
- ☐ ユーザー設定リストを登録することができますか？
- ☐ ユーザー設定リストを利用して入力することができますか？
- ☐ データをリンク貼り付けすることができますか？
- ☐ 3-D集計を行うことができますか？
- ☐ 統合による集計を行うことができますか？

問題 1-1

入力規則やユーザー定義の表示形式などを設定して、入力方法を工夫して効率的に作業ができるようにしましょう。

1. [復習問題] フォルダーに保存されているブック「復習1-1 ワイン請求書」を開きましょう。

2. セルE16～E30に、セルに入力するケース数を5以上に制限する入力規則を設定しましょう。

入力値の種類	データ	最小値
整数	次の値以上	5

3. セルE16～E30のケース数に、5未満の値を入力できないように制限するエラーメッセージを設定しましょう。

スタイル	タイトル	エラーメッセージ
停止	ケース数の確認	ケース数は5以上の値で入力してください。

4. セルB16～B30に、商品CD（商品コード）を選択するためのドロップダウンリストを作成しましょう。

入力値の種類	元の値
リスト	シート「商品マスター」のセルA4～A15

5. セルに値を入力し、設定した入力規則を確認しましょう。

入力するセル	入力値
B16	WRFRA001（リストから選択）
E16	4を入力してエラーメッセージが表示されることを確認後、8を入力

6. セルA16～A30に、数値を入力すると、「001」のように表示されるように、ユーザー定義の表示形式を設定しましょう。

7. セルA6の「株式会社ディスカウントジェームス」に御中を補って表示するように、ユーザー定義の表示形式を設定しましょう。会社名と「御中」の間は全角1文字の空白が入るようにしましょう。

8. ブックを［保存用］フォルダーに保存して閉じましょう。

 問題 1-2

複数シートの同時編集や、独自の連続データの登録と利用方法を確認しましょう。

1. ［復習問題］フォルダーに保存されているブック「復習1-2　顧客別商品別売上集計」を開きましょう。

2. 「ジェームス」、「ロジャー」、「ミセスマックス」、「ドンキー」、「第1四半期売上実績」の5枚のシートをグループ化して同時に選択し、一括して編集を行いましょう。

設定するセル	編集内容
A1	太字
E5	文字を「商品別合計」に修正

3. ワークシートのグループ化を解除しましょう。

4. シート「ジェームス」のセルA6～A17の商品名をユーザー設定リストに登録し、ユーザー設定リストを使って、シート「第1四半期売上実績」のセルA7～A17に商品名を入力しましょう。

5. 「ジェームス」、「ロジャー」、「ミセスマックス」、「ドンキー」の月別合計をコピーして、シート「売上実績集計」にリンク貼り付けしましょう。

6. シート「ジェームス」の4月の「スパークリングワインアメリカ」の値（セルB16）を「320,000」に変更し、シート「売上実績集計」の4月のジェームスの売上（セルC4）が「7,150,496」に更新されることを確認しましょう。

7. シート「第1四半期売上実績」で、集計結果を表示したいセルを選択してから、「ジェームス」、「ロジャー」、「ミセスマックス」、「ドンキー」の各シートの商品別月別の売上実績を集計しましょう。

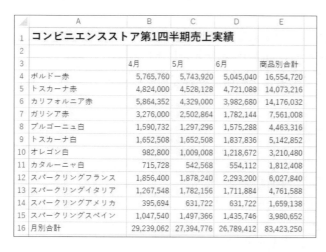

8. ブックを［保存用］フォルダーに保存して閉じましょう。

問題 1-3

レイアウトが異なっていて、項目の並び順および数が異なる表を、統合を利用して集計しましょう。

1. ［復習問題］フォルダーに保存されているブック「復習1-3　コンビニエンスストア売上集計」を開きましょう。

2. シート「第1四半期」のセルA3を基点として、「デイリーマート」、「ハロー」、「ショートストップ」、「プラタナス」の各シートの商品別月別の売上実績の合計を、統合の機能を使って集計しましょう。

3. ブックを［保存用］フォルダーに保存して閉じましょう。

関数を使用した入力サポート

■ 端数の処理を行う関数
■ 条件によって処理を分ける関数
■ 別の表からデータを取り出す関数
■ 順位を自動的に入力する関数

端数の処理を行う関数

関数を使って端数を処理することができます。端数処理の方法によって関数を使い分けます。

計算結果に端数が発生した場合は、必要に応じて端数処理を行います。端数処理の方法としては、四捨五入、切り捨て、切り上げがあります。Excelには、目的に応じて端数処理を行うために、ROUND関数（四捨五入）、ROUNDDOWN関数（切り捨て）、ROUNDUP関数（切り上げ）の3つの関数が用意されています。

■ ROUND (ラウンド) 関数

数値を、指定した桁数になるように四捨五入します。

書　式	ROUND (**数値,桁数**)
引　数	**数値**：四捨五入する数値 (またはセル参照や数式) を指定します。
	桁数：四捨五入した結果の小数部の桁数を指定します。
使用例	＝ROUND (C5,0)
	セルC5の小数点以下第1位を四捨五入します。
	＝ROUND (B5*C5,1)
	セルB5とC5の積を求め、小数点以下第2位を四捨五入します。
	＝ROUND (34.56,−1)
	34.56の1の位を四捨五入します。

桁数の指定例

数値　　　３４．５６

桁数　　−１ ０　１ ２

使用例

数式	結果	意味
＝ROUND (34.56,0)	35	小数点以下第1位を四捨五入します。
＝ROUND (34.56,1)	34.6	小数点以下第2位を四捨五入します。
＝ROUND (34.56,−1)	30	1の位を四捨五入します。

■ ROUNDDOWN (ラウンドダウン) 関数

数値を、指定した桁数になるように切り捨てます。
※関数の書式や引数、桁数の指定方法はROUND関数と同じです。

使用例

数式	結果	意味
＝ROUNDDOWN (34.56,0)	34	小数点以下第1位を切り捨てます。
＝ROUNDDOWN (34.56,1)	34.5	小数点以下第2位を切り捨てます。
＝ROUNDDOWN (34.56,−1)	30	1の位を切り捨てます。

■ ROUNDUP（ラウンドアップ）関数

数値を、指定した桁数になるように切り上げます。

※関数の書式や引数、桁数の指定方法はROUND関数と同じです。

数式	結果	意味
=ROUNDUP（34.56,0）	35	小数点以下第1位を切り上げます。
=ROUNDUP（34.56,1）	34.6	小数点以下第2位を切り上げます。
=ROUNDUP（34.56,-1）	40	1の位を切り上げます。

操作 ☞ 端数を四捨五入する

ブック「請求書」を開き、ROUND関数を使って、小計×割引率の計算結果を小数点以下第1位で四捨五入し、割引額を求めましょう。

Step 1 [保存用] フォルダーのブック「請求書」を開きます。本章から学習を開始する場合は [Excel応用2019] フォルダーの「2章　請求書」を開きます。シート「請求書」のセルF32をクリックし、計算式を確認し消去します。

Step 2 [関数の挿入] ダイアログボックスを開きます。

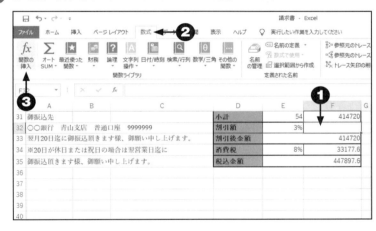

❶ セルF32がアクティブになっていることを確認します。

❷ [数式] タブをクリックします。

❸ [関数の挿入] ボタンをクリックします。

ヒント
関数ライブラリ

関数は、[数式] タブの [関数ライブラリ] グループにある各ボタンをクリックしても選択できます。使いたい関数の分類がわかっている場合は便利です。ROUND関数は [数学/三角] ボタンをクリックすると選択できます。

Step 3 関数の分類を選択します。

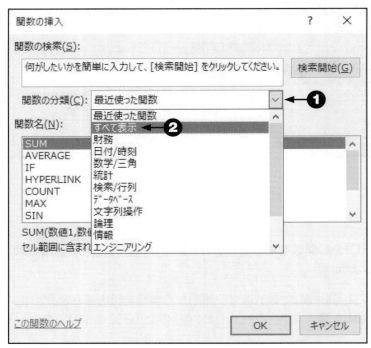

① [関数の分類] ボックスの▼をクリックします。

② [すべて表示] をクリックします。

💡 **ヒント**
[関数の挿入]ダイアログボックス
関数の名称はわかっていて分類がわからないときなどは、[関数の挿入] ボタンまたは数式バーの [関数の挿入] ボタンをクリックして、[関数の挿入] ダイアログボックスを開きます。[関数の挿入] ダイアログボックスでは、関数名から関数を検索できます。

Step 4 ROUND関数を選択します。

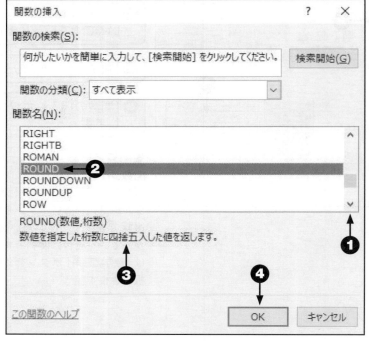

① [関数名] ボックスの一覧をスクロールします。

② [ROUND] をクリックします。

③ ROUND関数の説明が表示されていることを確認します。

④ [OK] をクリックします。

💡 **ヒント**
使用する関数へのジャンプ
[関数名] ボックス内をクリックし、日本語入力システムをオフにして、検索したい関数の名前を先頭から1～2文字をすばやく入力すると、検索したい関数の近くまでジャンプできます。

Step 5 四捨五入する数値に、割引額の計算式を入力します。

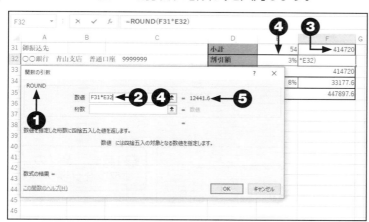

❶ [関数の引数] ダイアログボックスが開き、ROUND関数が選択されていることを確認します。

❷ [数値] ボックスにカーソルが表示されていることを確認します。

❸ セルF31をクリックします。

❹ [数値] ボックスの「F31」の後に「*」を入力し、セルE32をクリックします。

❺ [数値] ボックスの計算結果に「12441.6」と表示されていることを確認します。

Step 6 桁数を指定します。

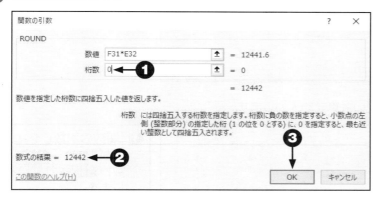

❶ [桁数] ボックスに「0」と入力します。

❷ 数式の結果が小数点以下第1位の位で四捨五入されていることを確認します。

❸ [OK] をクリックします。

Step 7 割引額の計算結果を確認します。

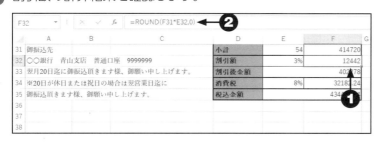

❶ セルF32に小数点以下第1位の位で四捨五入された計算結果が表示されていることを確認します。

❷ 数式バーで数式を確認します。

ヒント [関数の引数]ダイアログボックスのヘルプ

[関数の引数] ダイアログボックスの左下隅にある [この関数のヘルプ] という青い文字をクリックすると、ブラウザが起動してヘルプページが表示され、指定した関数の詳細について調べることができます。

操作　端数を切り捨てる

ROUNDDOWN関数を使って、割引後金額×消費税率の計算結果を小数点以下第1位で切り捨てして、消費税を求めましょう。

Step 1　セルF34の計算式を確認して消去します。

Step 2　ROUNDDOWN関数を選択します。

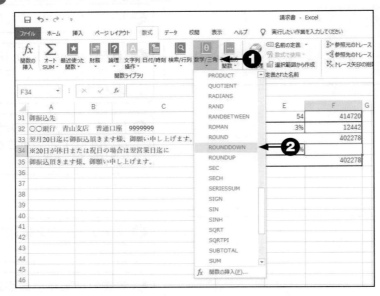

❶ [数式] タブの [数学/三角] ボタンをクリックします。

❷ [ROUNDDOWN] をクリックします。

Step 3　切り捨てる数値に、消費税の計算式を入力します。

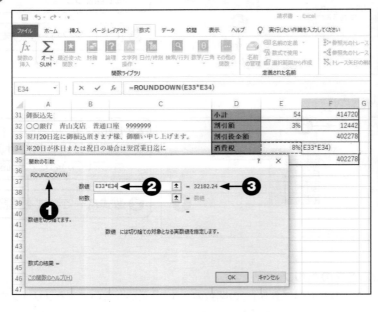

❶ [関数の引数] ダイアログボックスが開き、ROUNDDOWN関数が選択されていることを確認します。

❷ [数値] ボックスに「E33*E34」と入力します。

❸ [数値] ボックスの計算結果に「32182.24」と表示されていることを確認します。

40　端数の処理を行う関数

Step 4 桁数を指定します。

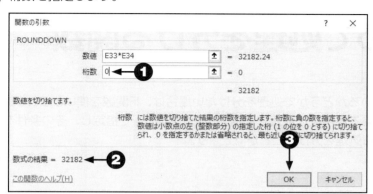

❶ [桁数] ボックスに「0」と入力します。

❷ 数式の結果が小数点以下第1位の位で切り捨てられていることを確認します。

❸ [OK] をクリックします。

Step 5 消費税の計算結果を確認します。

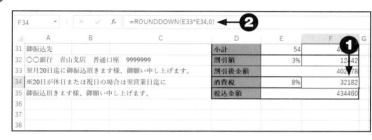

❶ セルF34に小数点以下第1位で切り捨てられた計算結果が表示されていることを確認します。

❷ 数式バーで数式を確認します。

重要　表示形式で小数点以下の桁数を変更した場合との違い

[ホーム] タブの [小数点以下の表示桁数を増やす] ボタンまたは [小数点以下の表示桁数を減らす] ボタンをクリックすると、表示形式で小数点以下の桁数を変更できます。このとき、端数は表示桁数の1桁下で四捨五入されてセルに表示されますが、見た目が変わるだけで、数値データそのものは変更されません。その場合は、表示されている数値ではなく端数を含む数値が計算に使用されます。厳密に計算を行う場合には、関数を使って端数処理を行うようにします。

ヒント　小数点以下の切り捨て

小数点以下を切り捨てる場合は、INT関数を使うこともできます。

■ INT（イント）関数

指定した数値を超えない最大の整数を返します。

関数名	書式	引数
INT	INT（数値）	数値：切り捨てて整数にする数値（またはセル参照や数式）を指定します。

INT関数の引数に負の数を指定する場合は、ROUNDDOWN関数と違った結果を返すので注意して使用する必要があります。

数式	結果
=INT（-65.25）	-66
=ROUNDDOWN（-65.25,0）	-65

条件によって処理を分ける関数

設定した条件を満たしているかどうかで処理を分けたい場合は、IF関数を使います。IF関数は、論理関数の1つです。設定する条件を比較演算子を使った「論理式」で指定し、その条件を満たすか満たさないかで、実行する処理を分けることができます。

IF関数と、論理式で使われる比較演算子について確認しましょう。

■ **IF（イフ）関数**
論理式（条件）を満たすか満たさないかに応じて指定された値を返します。「論理式」、「論理式を満たす場合の処理」、「論理式を満たさない場合の処理」の3つの引数を指定します。

書　式	IF (**論理式**,**値が真の場合**,**値が偽の場合**)
引　数	**論理式**：真または偽のどちらかに判定できる値または式を指定します。 **値が真の場合**：**論理式**を満たす場合（**論理式**の結果がTRUE）に返す値を指定します。 **値が偽の場合**：**論理式**を満たさない場合（**論理式**の結果がFALSE）に返す値を指定します。
使用例	=IF (E31>=50,3%, "なし") 　セルE31の値が50以上の場合は「3%」と表示し、そうでない場合は、「なし」と表示します。

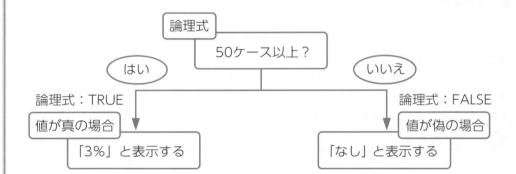

■ **比較演算子**
比較演算子は、2つの値を比較するときに使用する演算子です。

比較演算子	意味	例
=（等号）	左辺と右辺が等しい	A1=B1
>（〜より大きい）	左辺が右辺よりも大きい	A1>B1
<（〜より小さい）	左辺が右辺よりも小さい	A1<B1
>=（〜以上）	左辺が右辺以上である	A1>=B1
<=（〜以下）	左辺が右辺以下である	A1<=B1
<>（不等号）	左辺と右辺が等しくない	A1<>B1

操作 1つの条件で処理を2つに分ける

購入ケース数が50ケース以上のときは金額から3%割引します。IF関数を使って割引率のセルE32に、購入ケース数の合計が50ケース以上の場合は「3%」と表示し、50ケース未満の場合は「なし」と表示する数式を設定しましょう。

Step 1 セルE32の値を消去します。

Step 2 IF関数を選択します。

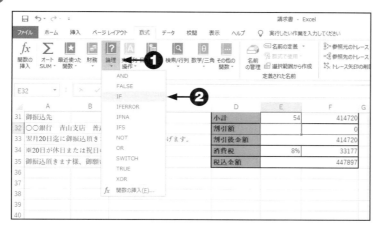

❶ [数式] タブの [論理] ボタンをクリックします。

❷ [IF] をクリックします。

Step 3 条件を表す論理式を入力します。

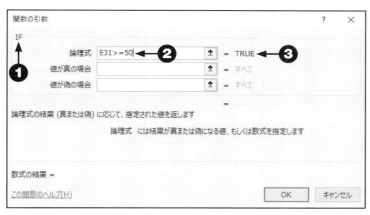

❶ [関数の引数] ダイアログボックスが開き、IF関数が選択されていることを確認します。

❷ [論理式] ボックスに「E31>=50」と入力します。

❸ 「TRUE」と表示されていることを確認します。

Step 4 真の場合と偽の場合に返す値を指定します。

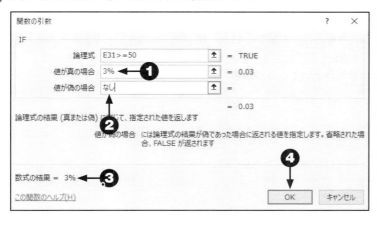

❶ [値が真の場合] ボックスに「3%」と入力します。

❷ [値が偽の場合] ボックスに「なし」と入力します。

❸ 数式の結果として真の場合の値が表示されていることを確認します。

❹ [OK] をクリックします。

Step 5 割引率の計算結果を確認します。

❶ セルE32に真の場合の値「3%」が表示されていることを確認します。

❷ 数式バーで数式を確認します。

💡ヒント　文字列を引数で指定する場合

「なし」のように文字列を引数で指定するときに、関数を手入力で入力する場合は、「"なし"」というように文字列の前後に半角ダブルクォーテーション(")を入力する必要があります。Excelでは「"」で囲まれた値を文字列として認識します。
[関数の引数] ダイアログボックスで文字列を引数に指定すると、「"」を自動的に補って関数の引数が設定されます。

操作☞ 結果を確認する

セルE16のケース数を30に変更して、セルE32の割引率が「なし」と表示されることを確認しましょう。

Step 1 セルE16のケース数を30に変更します。

Step 2 セルE32の割引率に「なし」と表示されることを確認します。

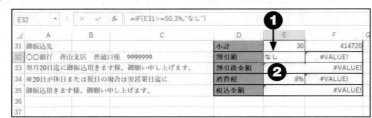

❶ セルE32の割引率に「なし」と表示されます。

❷ セルF32、E33、F34、E35とセルB12に「#VALUE!」と表示されていることを確認します。

Step 3 ［元に戻す］ボタンをクリックして、セルE16の値を元に戻します。

💡ヒント　エラー値が表示された場合

購入ケース数の合計が50未満の場合、セルF32などとセルB12に「#VALUE!」というエラー値が表示されます。「#VALUE!」は、引数が違っている場合に表示されるエラー値です。「#VALUE!」が表示されたセルには、数値を引数とする関数が入力されています。"なし" や "" (空白) は、文字列として扱われるので、計算ができないために表示されたエラー値です。今回の場合は、IF関数の引数、値が偽の場合に「なし」が入力されていることが原因です。値が偽の場合の引数を数値0として指定することでエラーを回避することができます。
エラー回避については、本章「IF関数とVLOOKUP関数の組み合わせ」で学習します。

44　条件によって処理を分ける関数

ヒント　複数条件の組み合わせ

IF関数の論理式に複数の条件を持たせることができます。複数の条件がある場合は、すべての条件を満たすAND関数を使うか、いずれかの条件を満たすOR関数を使うかを考える必要があります。このように、複数の関数を組み合わせることを「ネスト」といいます。複数の条件を設定することで、より複雑な条件で処理を分岐することができるようになります。

■ AND（アンド）関数

すべての条件が満たされているかどうかを判定します。

関数名	書式	引数
AND	AND（論理式1, 論理式2...）	論理式：条件を満たす（TRUE）か、条件を満たさない（FALSE）かを判定する論理式を指定します。引数は1～255個まで指定できます。

■ OR（オア）関数

いずれかの条件が満たされているかどうかを判定します。

関数名	書式	引数
OR	OR（論理式1, 論理式2...）	論理式：条件を満たす（TRUE）か、条件を満たさない（FALSE）かを判定する論理式を指定します。引数は1～255個まで指定できます。

■ AND関数とOR関数の条件の適用範囲

AND関数
2つの条件を満たす

OR関数
2つの条件のうち、少なくともどちらかを満たす

■ IF関数とAND関数の組み合わせ

IF関数とAND関数を組み合わせて、ケース数が50ケース以上で、かつ小計が400,000円以上であれば、セルE32の割引率を3％にする数式を作成すると、次のようになります。

数式：=IF(AND(E31>=50,F31>=400000),3%,"なし")

■ IF関数とOR関数の組み合わせ

IF関数とOR関数を組み合わせて、ケース数が50ケース以上か、または小計が400,000円以上であれば、セルE32の割引率を3％にする数式を作成すると、次のようになります。

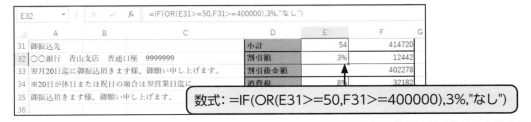

数式：=IF(OR(E31>=50,F31>=400000),3%,"なし")

別の表からデータを取り出す関数

VLOOKUP関数を使うと、ID番号、コード番号などを基に検索用の表を検索し、該当するデータを取り出すことができます。

VLOOKUP関数の書式や使用方法を確認しましょう。

■ VLOOKUP (ブイルックアップ)関数
指定した値を検索用の表の左端列で検索し、対応する値を返します。

書　式	VLOOKUP (**検索値,範囲,列番号,検索方法**)
引　数	**検索値**：ここで指定した値 (**検索値**) を手掛かりに検索用の表から行単位でデータを検索します。**検索値**の含まれる行からデータが取り出されます。**検索値**には、値、セル参照、文字列を指定します。
	範　囲：検索用の表のセル範囲を絶対参照で指定します。
	列番号：検索したいデータが入力されている列が、検索用の表の左端から何列目にあるのかを、番号で指定します。表の左端を1として数えます。
	検索方法：TRUEまたはFALSEを指定します。
	TRUE：検索用の表に**検索値**と一致する値がない場合は、検索値未満の最大値が検索されます。
	FALSE：**検索値**と完全に一致する値だけを検索します。一致する値がない場合は、エラー値「#N/A」を返します。
使用例	=VLOOKUP (B18,商品マスター !$A$4:$E$15,2,FALSE)
	セルB18の値を**検索値**として、シート「商品マスター」のセル範囲A4 〜 E15の1列目 (列A) から検索し、2列目 (列B) の値を表示します。

■ 検索用の表について
検索用の表は、次の点に注意して作成します。

・VLOOKUP関数で検索に使用する値の入った項目を、必ず検索する表の左端の列に入力します。

・検索方法を「TRUE」とする場合は、VLOOKUP関数で検索に使用する値の入った項目を昇順で並べ替えておきます。

	A	B	C	D	E
1	商品マスター				
2					
3	商品CD	商品名	単価	1ケース入数(本)	ケース単価
4	BR350001	吟選ドラフトビール	250	24	¥6,000
5	BR350002	黒ドラフトビール	260	24	¥6,240
6	BR500001	吟選ドラフトビールロング缶	300	24	¥7,200
7	BR500002	黒ドラフトビールロング缶	320	24	¥7,680
8	HP350001	新鮮発泡酒	180	24	¥4,320
9	HP350002	ホップの恵み	110	24	¥2,640
10	HP500001	新鮮発泡酒ロング缶	220	24	¥5,280
11	HP500002	ホップの恵みロング缶	170	24	¥4,080
12	SP350001	季節のチューハイアソート	150	24	¥3,600
13	SP350002	ホームカクテルアソート	150	24	¥3,600
14	SP350003	ウィスキーソーダ	220	24	¥5,280
15	SP350004	梅酒ソーダ	250	24	¥6,000
16					

VLOOKUP関数

VLOOKUP関数を使うと、手掛かりとなる値(検索値)を検索用の表から探し出し、一致したデータがあるときは、指定した列の情報を表示することができます。

> VLOOKUP関数を利用して、検索用の表から情報を表示するときは、次の手順で操作します。
> 1. 検索用の表を事前に作成します。
> 2. VLOOKUP関数を使用して数式を入力します。
> 3. 検索値を入力すると、VLOOKUP関数の結果が表示されます。

操作☞ 検索用の表から該当するデータを取り出す

VLOOKUP関数を使って、シート「商品マスター」に作成されている商品マスターの表から、検索値として指定した値を「商品CD」列で検索し、その商品名を表示する数式を入力しましょう。

Step 1 シート「請求書」のセルB16とC16の値を消去し、セルC16をクリックします。

Step 2 VLOOKUP関数を選択します。

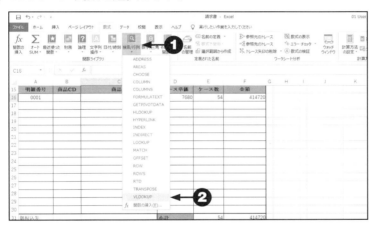

❶ [数式] タブの [検索/行列] ボタンをクリックします。

❷ [VLOOKUP] をクリックします。

Step 3 検索値を指定します。

❶ [関数の引数] ダイアログボックスが開き、VLOOKUP関数が選択されていることを確認します。

❷ [検索値] ボックスにカーソルが表示されていることを確認します。

❸ セルB16をクリックします。

第2章 関数を使用した入力サポート 47

Step 4 検索用の表を指定し、常に同じ範囲を参照させるためにセル範囲を絶対参照にします。

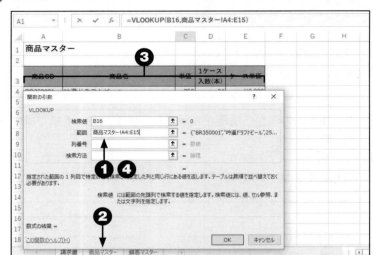

❶ [範囲] ボックスをクリックします。

❷ シート見出し「商品マスター」をクリックします。

❸ シート「商品マスター」のセルA4～E15をドラッグします。

❹ [範囲] ボックスに表示されている「商品マスター!A4:E15」の右側にカーソルが表示されていることを確認し、**F4**キーを押します。

Step 5 列番号と検索方法を指定します。

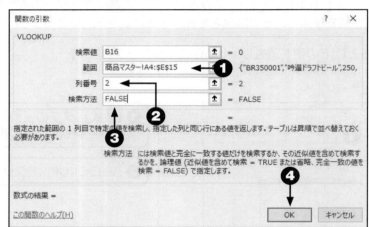

❶ [範囲] ボックスに「商品マスター!$A$4:$E$15」と表示されていることを確認します。

❷ [列番号] ボックスに「2」と入力します。

❸ [検索方法] ボックスに「FALSE」と入力します。

❹ [OK] をクリックします。

Step 6 数式の結果を確認します。

❶ 商品CDが入力されていないため、セルC16に「#N/A」と表示されます。

❷ 数式バーで数式を確認します。

💡 ヒント　検索方法の指定

検索方法に「FALSE」を指定する代わりに「0」と指定することもできます。また「TRUE」を指定する代わりに省略することもできます。FALSEおよびTRUEは大文字で入力しても小文字で入力してもかまいません。

📘 用語　エラー値「#N/A」

エラー値「#N/A」は、関数や数式を実行するのに必要なデータが入力されていない場合に返されます。VLOOKUP関数では、検索値に指定したセルが未入力、または範囲に一致するデータがない場合にエラー値「#N/A」が返されます。

48　別の表からデータを取り出す関数

ヒント [エラーチェックオプション] ボタン

[エラーチェックオプション] ボタンは、エラーがあるセルをアクティブにすると表示されます。[エラーチェックオプション] ボタンをクリックすると、エラーに関するヘルプを表示したり、[エラーチェックオプション] ボタンを表示しないようにしたりすることができます。

操作 検索値を入力する

セルB16に設定されているドロップダウンリストを使って、商品CD（商品コード）を入力すると、商品名が表示されることを確認しましょう。

Step 1 セルC16にVLOOKUP関数が入力されていることを確認します。

Step 2 商品CDを入力すると、関数を入力したセルに商品名が表示されることを確認します。

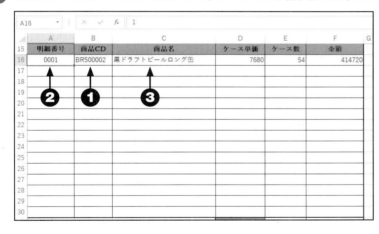

❶ セルB16をクリックし、設定されているドロップダウンリストを使って「BR500002」を入力します。

❷ 任意のセルをクリックし、アクティブセルを移動します。

❸ セルC16に「黒ドラフトビールロング缶」と表示されたことを確認します。

ヒント 検索値が同じでもエラー値「#N/A」が表示される場合

検索値が数値の場合に、VLOOKUP関数を使って検索用の表から値を参照してもエラー値「#N/A」が表示されることがあります。

- この場合、検索値と、検索用の表で検索するセルのデータが別の種類のものとして認識されています。値は同じでも、一方が数値データで一方が文字列データの場合、VLOOKUP関数では別のデータと見なすためです。
- VLOOKUP関数で参照するためには、数値か文字列のどちらか一方の種類にデータを揃える必要があります。

第2章 関数を使用した入力サポート 49

IF関数とVLOOKUP関数の組み合わせ

数式が空白セルを参照する可能性があるなど、あらかじめ計算結果にエラー値が表示されることがわかっている場合は、IF関数とVLOOKUP関数を組み合わせてエラー表示を回避します。

数式例　　=IF(B16="","",VLOOKUP(B16,商品マスター!$A$4:$E$15,2,FALSE))
意　味　　セルB16が空白の場合は空白のままにし、空白でなければVLOOKUP関数の結果を表示します。

用語　関数のネスト

関数の引数の中に、さらに関数を指定することを「関数のネスト」といいます。Excelでは64レベルまで関数をネストした数式を作成することができます。IF関数の引数にIF関数を指定する場合は、最大7つまでのIF関数をネストすることができます。
たとえば、VLOOKUP関数をIF関数の引数として指定する場合、VLOOKUP関数が第2レベルの関数、IF関数が第1レベルの関数になります。

操作　商品名のエラーの表示を回避する

商品CD（セルB16）が入力されていない場合にエラー値「#N/A」が表示されないようにするために、セルC16に入力したVLOOKUP関数を消去し、IF関数とVLOOKUP関数を組み合わせた数式を入力しましょう。また、ケース単価が表示されるように数式を入力しましょう。

Step 1 セルC16の数式を消去します。

Step 2 IF関数を選択します。

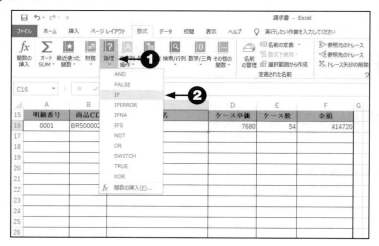

❶［論理］ボタンをクリックします。

❷［IF］をクリックします。

Step 3 IF関数の論理式と、値が真の場合に返す値を指定します。

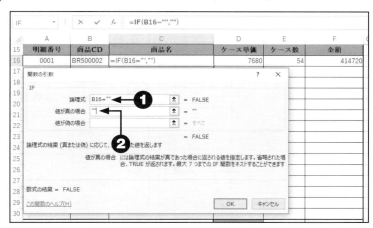

❶ [論理式] ボックスに「B16=""」と入力します。

❷ [値が真の場合] ボックスに「""」と入力します。

💡 **ヒント**
空白の指定
空白は、半角のダブルクォーテーション(")を2つ続けて入力します。[関数の引数] ダイアログボックスで指定する場合でも省略することはできません。

Step 4 値が偽の場合にVLOOKUP関数の結果を返すように指定します。

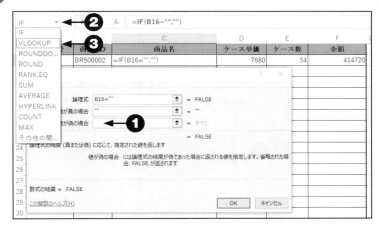

❶ [値が偽の場合] ボックスをクリックします。

❷ 関数ボックスの▼をクリックします。

❸ 一覧の[VLOOKUP] をクリックします。

💡 **ヒント**
関数ボックス
関数の引数として他の関数を指定するには、関数ボックスを使います。最近使った関数や頻繁に使用する関数は、関数ボックスのリストに表示されます。

Step 5 VLOOKUP関数の引数を指定します。

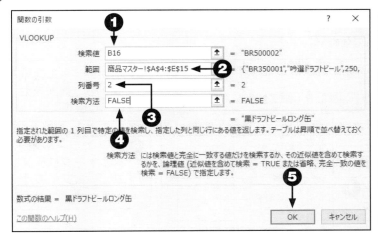

❶ [検索値] ボックスに「B16」と入力します。

❷ [範囲] ボックスをクリックし、シート「商品マスター」のセルA4〜E15をドラッグして**F4**キーを押します。

❸ [列番号] ボックスに「2」と入力します。

❹ [検索方法] ボックスに「FALSE」と入力します。

❺ [OK] をクリックします。

Step 6 数式の結果を確認してコピーします。

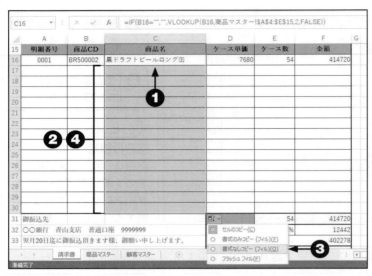

① セルC16に「黒ドラフトビールロング缶」と表示されていることを確認します。

② オートフィル機能を使って、セルC16の数式をセルC30までコピーします。

③ [オートフィルオプション] ボタンの▼をクリックし、[書式なしコピー（フィル）] をクリックします。

④ セルC17〜セルC30に、「#N/A」と表示されないことを確認します。

Step 7 ケース単価のセルに関数を入力し、商品CDを入力すると単価が表示されるように設定します。

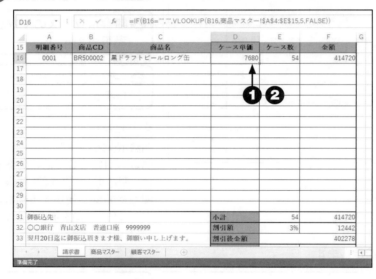

① ここまでと同様の操作で、セルD16に数式「IF(B16="","",VLOOKUP(B16,商品マスター!$A$4:$E$15,5,FALSE))」を入力します。

② セルD16にケース単価「7680」が表示されたことを確認します。

💡 **ヒント**
列番号の指定
VLOOKUP関数の引数の列番号は、「ケース単価」が検索する一覧表の左から5列目にあるため、[列番号] ボックスには5を指定します。

- - - - - - - - - - - - - - - - -

Step 8 数式をコピーし、数式の結果を確認します。

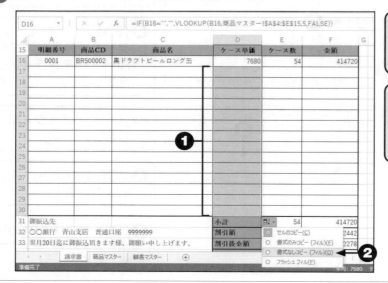

① オートフィル機能を使って、セルD16の数式をセルD30までコピーします。

② [オートフィルオプション] ボタンの▼をクリックし、[書式なしコピー（フィル）] をクリックします。

52 　別の表からデータを取り出す関数

操作 金額の数式を修正する

金額を求めているセル（セルF16）には、ケース単価×ケース数の数式が入力されています。IF関数を使って、ケース単価が入力されていない場合は空白のままにするように、金額の列の数式を修正し、請求書を完成させましょう。

Step 1 セルF16の数式を確認して消去します。

Step 2 [数式] タブの [論理] ボタンをクリックし、[IF] をクリックします。

Step 3 IF関数を入力します。

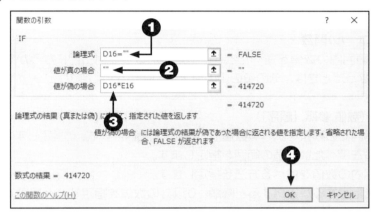

① [論理式] ボックスに「D16=""」と入力します。

② [値が真の場合] ボックスに「""」と入力します。

③ [値が偽の場合] ボックスに「D16*E16」と入力します。

④ [OK] をクリックします。

Step 4 オートフィル機能を使用して、数式をセルF30までコピーし、[オートフィルオプション] ボタンの一覧の [書式なしコピー（フィル）] をクリックします。

Step 5 セルF17〜F30が空白で表示されていることを確認します。

Step 6 金額を表示するセルに通貨形式の表示形式を設定して見栄えを整えます。

Step 7 ブックを [保存用] フォルダーに保存して閉じます。

第 2 章 関数を使用した入力サポート 53

順位を自動的に入力する関数

全体の中で何番目に位置するかという順位を付ける場合、数値を確認しながら手で順位を入力するのは手間がかかります。Excelでは、関数を使って順位を求めることができます。

Excelには、順位を求める関数として、RANK.EQ関数、RANK.AVG関数が用意されています。

■ RANK.EQ（ランクイコール）関数

順序に従って指定した範囲内の数値を並べたとき、指定した数値が何番目になるかを返します。複数の値が同じ順位になったときは、その値の中の最上位の順位を返します。

書　式	RANK.EQ (**数値,参照,[順序]**)
引　数	**数値**：範囲内での順番を調べる**数値**（セル参照または計算式）を指定します。
	参照：順番を調べたい数値の範囲を指定します。
	順序：範囲内の数値を並べる方法を指定します。
	0を指定するか省略すると降順、0以外の数値を指定すると昇順で順位が指定されます。
使用例	=RANK.EQ (F4,$F$4:$F$20,0)
	降順で並べたとき、セルF4の値がセルF4からF20の範囲の中で何番目になるかを返します。

■ RANK.AVG（ランクアベレージ）関数

順序に従って指定した範囲内の数値を並べたとき、指定した数値が何番目になるかを返します。複数の値が同じ順位になったときは、それらの値の平均の順位が返されます。
関数の書式や引数は、RANK.EQ関数と同じです。

■ 同じ順位の計算結果

同じ順位が発生したときは、RANK.EQ関数とRANK.AVG関数では、次の図に示すような結果になります。

	A	B	C RANK.EQ の結果	D RANK.AVG の結果	E	F
1	売上ランキングベスト10					
2						
3	商品名	金額	RANK.EQ の結果	RANK.AVG の結果		
4	吟選ドラフトビールロング缶	567,000	1	1		
5	吟選ドラフトビールロング缶	554,400	2	2.5		
6	吟選ドラフトビールロング缶	554,400	2	2.5		
7	吟選ドラフトビール	540,000	4	4.5		
8	吟選ドラフトビールロング缶	540,000	4	4.5		
9	吟選ドラフトビール	499,500	6	6		
10	吟選ドラフトビールロング缶	486,000	7	7		
11	吟選ドラフトビールロング缶	459,000	8	8.5		
12	吟選ドラフトビールロング缶	459,000	8	8.5		
13	吟選ドラフトビールロング缶	453,600	10	10		

最上位の順位が返る

平均の順位が返る

操作 ☞ 順位を求める

ブック「第1四半期売上分析（顧客別）」を開き、シート「売上分析」の列Gに、降順で各顧客の売上実績の順位を求めましょう。

Step 1 [Excel2019応用]フォルダーのブック「第1四半期売上分析（顧客別）」を開きます。

Step 2 シート「売上分析」で、順位を表示するセルG4をクリックします。

Step 3 RANK.EQ関数を選択します。

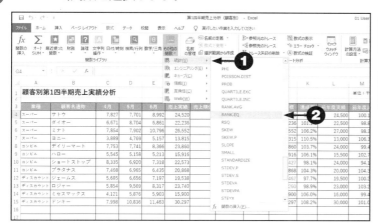

❶[数式]タブの[その他の関数]ボタンをクリックします。

❷[統計]の[RANK.EQ]をクリックします。

Step 4 順位を求める数値と範囲を指定します。

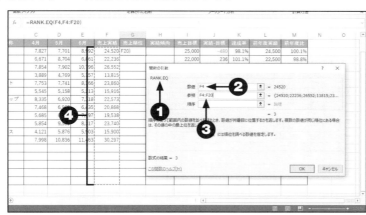

❶[関数の引数]ダイアログボックスが開き、RANK.EQ関数が選択されていることを確認します。

❷[数値]ボックスに「F4」と入力します。

❸[参照]ボックスをクリックします。

❹セルF4〜F20をドラッグします。

Step 5 順位を求める範囲として、常に同じ範囲を参照させるため、範囲を絶対参照に変更します。

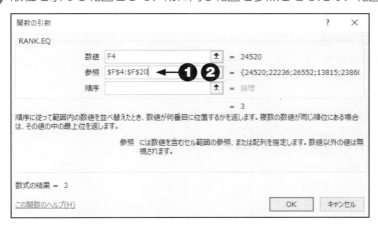

❶[参照]ボックスの「F4:F20」の右側にカーソルが表示されていることを確認し、**F4**キーを押します。

❷[参照]ボックスの表示が「$F$4:$F$20」に変わったことを確認します。

Step 6 順位を付ける順序を指定します。

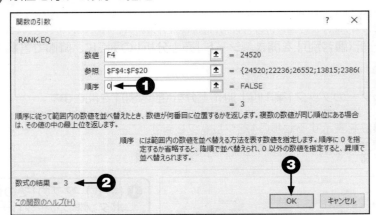

❶ [順序] ボックスをクリックし、「0」と入力します。

❷ 数式の結果に順位が表示されていることを確認します。

❸ [OK] をクリックします。

Step 7 セルG4に順位が表示されていることを確認します。

ヒント
順序の指定

順序に0を指定するか省略すると降順で並べ替えたときの順位、0以外の数値を指定すると昇順で並べ替えたときの順位になります。

Step 8 オートフィル機能を使い、セルG4の数式をセルG15までコピーして、他のセルに順位が表示されていることを確認します。

Step 9 ブックを [保存用] フォルダーに保存して閉じます。

ヒント
RANK.EQ関数のコピーとエラー値

セルG16～G20にRANK.EQ関数をコピーすると、順位を求める数値が存在しないため、「#N/A」というエラー値が表示されます。
この場合、セルF16が空白のときは空白のままにし、セルF16に数値が入力されている場合はRANK.EQ関数で順位を求めるなど、エラー表示を回避する方法を検討する必要があります。IF関数と組み合わせることで、エラー値の表示を回避することができます。

ヒント **その他の関数の一覧**
知っていると便利な関数を紹介します。[完成]フォルダーのブック「その他の関数」には、関数の分類ごとにシートが用意され、関数の使用例が紹介されています。必要に応じて参照して確認しましょう。

■ 分類：数学/三角

関数名	書式	説明
SUMIF	SUMIF（範囲,検索条件,合計範囲）	範囲内で検索条件に一致するデータを検索し、対応する合計範囲の合計を返します。
SUMIFS	SUMIFS（合計対象範囲,条件範囲1,条件1,条件範囲2,条件2…）	複数の検索条件に一致するセルの合計を返します。

■ 分類：統計

関数名	書式	説明
AVERAGEIF	AVERAGEIF（範囲,条件,平均対象範囲）	範囲内で条件に一致するデータを検索し、対応する平均対象範囲の平均値を返します。
AVERAGEIFS	AVERAGEIFS（平均範囲,検索条件範囲1,検索条件1,検索条件範囲2,検索条件2…）	複数の検索条件に一致するセルの平均値を返します。
COUNTIF	COUNTIF（範囲,検索条件）	範囲内で検索条件に一致するセルの個数を返します。
COUNTIFS	COUNTIFS（範囲1,検索条件1,範囲2,検索条件2…）	複数の検索条件に一致するセルの個数を返します。

■ 分類：論理

関数名	書式	説明
IFERROR	IFERROR（値,エラーの場合の値）	数式の結果がエラーの場合は指定の値を返し、それ以外の場合は数式の結果を返します。
IFS	IFS(論理式1,論理式1が真の場合の値,論理式2,論理式2が真の場合の値…)	1つ以上の論理式が満たされるかどうかを確認し、最初に真になった論理式に対応する値を返します。最後の引数は「TRUE」を指定します。

■ 分類：検索/行列

関数名	書式	説明
HLOOKUP	HLOOKUP（検索値,範囲,行番号,検索の型）	指定した検索値を表の先頭行で検索し、検索条件に当てはまった列から、指定した行番号のデータを取り出します。

■ 分類：情報

関数名	書式	説明
PHONETIC	PHONETIC（範囲）	範囲で指定したセルに入力されている文字のふりがなを返します。

この章の確認

- ☐ 端数を四捨五入することができますか？
- ☐ 端数を切り捨てることができますか？
- ☐ 関数を使って条件に基づいて処理を2つに分けることができますか？
- ☐ 検索用の表から該当のデータを取り出すことができますか？
- ☐ エラー値の表示を回避することができますか？
- ☐ 順位を自動的に入力することができますか？

復習問題 問題 2-1

関数を使って、四捨五入や切り捨てで端数を処理しましょう。また、IF関数を使って、条件によって処理を分岐させましょう。

1. [復習問題]フォルダーに保存されているブック「復習2-1　ワイン請求書」を開きましょう。

2. セルF32に入力されている数式を消去し、ROUND関数を使って、割引額を小数点以下第1位で四捨五入して求める数式を作成しましょう。

3. セルF34に入力されている数式を消去し、ROUNDDOWN関数を使って、割引後金額×消費税率の計算結果を小数点以下第1位で切り捨てて、消費税を求めましょう。

4. ケース数の合計が15以上のときは、金額から8%割引します。セルE32に入力されている値を消去し、IF関数を使って、ケース数の合計が15以上の場合は「8%」と表示し、15未満の場合は「なし」と表示する数式を作成しましょう。

5. セルE16に「15」と入力し、割引額に「8%」と表示されることを確認しましょう。

	A	B	C	D	E	F	G
14						単位：円	
15	明細番号	商品CD	商品名	ケース単価	ケース数	金額	
16	001	WRFRA001	ボルドー赤	21840	15	327600	
17							
18							
19							
20							
21							
22							
23							
24							
25							
26							
27							
28							
29							
30							
31	御振込先			小計		15	327600
32	○○銀行　青山支店　普通口座　9999999			割引額	8%	26208	
33	翌月20日迄に御振込頂きます様、御願い申し上げます。			割引後金額		301392	
34	※20日が休日または祝日の場合は翌営業日迄に			消費税	8%	24111	
35	御振込頂きます様、御願い申し上げます。			税込金額		325503	
36							

問題 2-2

IF関数とVLOOKUP関数を組み合わせて、シート「商品マスター」から、検索値として指定した商品CDで商品名や単価を検索して表示する数式を作成しましょう。

1. シート「ジェームス」のセルB16～D16のデータを消去しましょう。

2. シート「ジェームス」のセルC16に、VLOOKUP関数を使って、シート「商品マスター」に作成されている「商品マスター」（セルA4～E15）から、検索値として指定した値を商品CDで検索し、その商品名を表示する数式を作成しましょう。

3. セルB16に、設定されているドロップダウンリストを使って、検索値に「WRFRA001」を入力し、商品名が表示されることを確認しましょう。

4. 商品CD（セルB16）が入力されていない場合にエラー値が表示されないようにするために、セルC16に入力したVLOOKUP関数を消去し、IF関数とVLOOKUP関数を組み合わせた数式を入力し、セルC17～C30に書式なしでコピーしましょう。

5. 商品CDが入力されている場合は「商品マスター」からケース単価を検索して表示し、商品CD（セルB16）が入力されていない場合にエラー値が表示されないようにするために、セルD16にIF関数とVLOOKUP関数を組み合わせて数式を入力し、セルD17～D30に書式なしでコピーしましょう。

6. 金額を求めているセル（セルF16）には、ケース単価×ケース数の数式が入力されています。IF関数を使って、ケース単価が入力されていない場合は空白のままにするように、セルF16の数式を修正し、セルF17～F30に書式なしでコピーしましょう。

7. 図を参考に、金額の表示形式を整えましょう。

8. ブックを［保存用］フォルダーに保存して閉じましょう。

問題 2-3

RANK.EQ関数を使って、各顧客の売上実績の順位を求めましょう。

1. ［復習問題］フォルダーに保存されているブック「復習2-3　顧客別売上分析」を開きましょう。

2. シート「売上実績集計」の列Gに、RANK.EQ関数を使って、降順で各顧客の売上実績の順位を求める数式を入力し、セルG5〜G15にコピーしましょう。

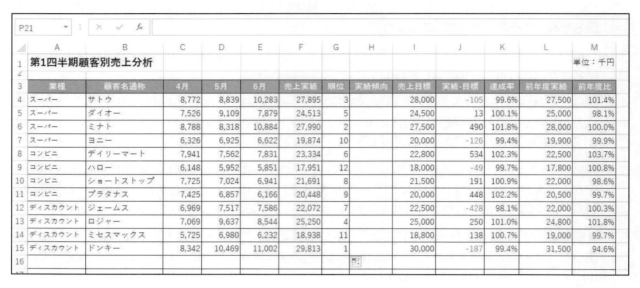

3. ブックを［保存用］フォルダーに保存して閉じましょう。

第3章

データの配布

- シートやブックの保護
- ドキュメント検査とパスワード設定
- PDFファイルの作成

シートやブックの保護

作成したブックをほかのユーザーに配布する場合は、さまざまな問題について考慮して作業しましょう。たとえば、操作を誤ってブックの内容を書き換えてしまう可能性はないか、計算上は必要でもデータは見せたくないために非表示にしたシートを見られる可能性がないかなど、予測される問題に対応しておく必要があります。

Excelには、データを配布するときに役立つ機能があります。

■ シートの保護
シートを保護すると、ワークシートのデータを消去したり書き換えたりすることができなくなります。一般ユーザーに対しては一部のセルについての入力や書き換えだけを許可したい場合にも、シートの保護を利用します。

■ ブックの保護
ブックを保護すると、ワークシートの枚数や順番などのシート構成が変更されるのを防ぐことができます。

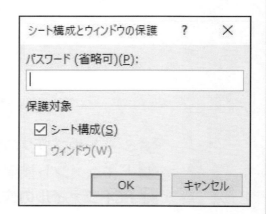

■ 最終版として設定
操作を誤ってブックの内容を書き換えてしまわないように、ブックを最終版にすることができます。ブックを最終版にすると、入力や編集ができなくなり、ブックは読み取り専用になります。また、ブックが完成して編集できない状態であると表すメッセージを表示することができます。

シートの保護

入力済みのデータや数式を変更したり消去したりできないようにするには、シートを保護します。

> シートを保護するとセルがロックされ、入力や書式設定などができない状態になります。新規のシートではすべてのセルがロックされています。シートを保護した状態でも一部のセルに数値や文字列を入力したり書き換えたりできるようにするには、そのセルのロックを先に解除してからシートを保護します。
> 一般ユーザーには一部のセルに対する入力や書き換えだけを許可し、数式などほかのセルのデータを誤ってあるいは意図的に書き換えられないようにしたい場合などに利用します。シートの保護を解除すれば、元通りすべてのセルの書き換えができるようになります。また、シートの保護を解除するためのパスワードを設定することもできます。
>
> ■ シートの保護の手順
> シートを保護するには、次の手順で操作します。
> 1. データの入力や書き換えを可能にしたいセルのロックを解除します。
> 2. シートを保護します。

操作 セルのロックを解除する

請求書のうち、明細番号、商品CDおよびケース数のデータだけ入力や書き換えができるようにするために、セルA16～B30と、セルE16～E30のセルのロックを解除しましょう。

Step 1 [Excel2019応用] フォルダーのブック「ミナトマーケット請求書」を開きます。

Step 2 セルのロックを解除する範囲を選択し、[セルの書式設定] ダイアログボックスを開きます。

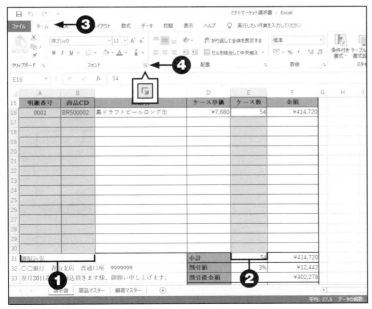

❶ セルA16～B30をドラッグします。

❷ Ctrlキーを押しながら、セルE16～E30をドラッグします。

❸ [ホーム] タブをクリックします。

❹ [フォント] グループ右下の [フォントの設定] ボタンをクリックします。

第3章 データの配布

Step 3 セルのロックを解除します。

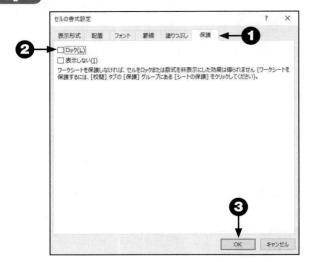

❶ [保護] タブをクリックします。

❷ [ロック] チェックボックスをオフにします。

❸ [OK] をクリックします。

💡 **ヒント**
数式を非表示にするには
作成した数式の内容を数式バーに表示したくない場合は、[セルの書式設定] ダイアログボックスの [保護] タブで [表示しない] チェックボックスをオンにします。

操作 ☞ シートの保護を設定する

ロックされたセルの内容の変更ができないように、ワークシートの保護を設定しましょう。

Step 1 [シートの保護] ダイアログボックスを開きます。

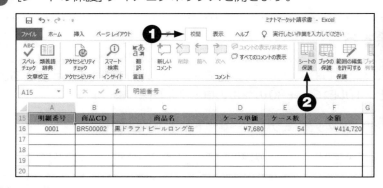

❶ 任意のセルをクリックして選択を解除し、[校閲] タブをクリックします。

❷ [シートの保護] ボタンをクリックします。

Step 2 シートを保護します。

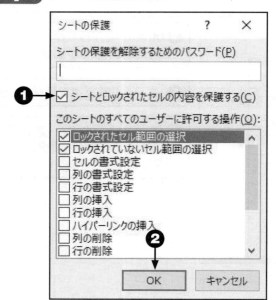

❶ [シートとロックされたセルの内容を保護する] チェックボックスがオンになっていることを確認します。

❷ [OK] をクリックします。

💡 **ヒント**
[シートの保護を解除するためのパスワード] ボックス
[シートの保護を解除するためのパスワード] ボックスにパスワードを入力すると、シートの保護を解除するときにパスワードの入力が必要になり、パスワードを知っているユーザーだけがシートの保護を解除できます。

Step 3 シートの保護を確認します。

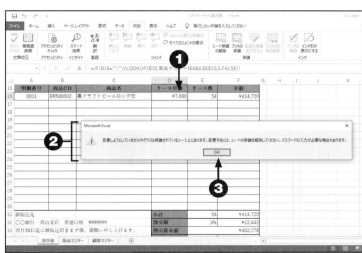

❶ セルD16をクリックして任意の数値を入力します。

❷ シートの保護のメッセージが表示されます。

❸ [OK] をクリックします。

💡 **ヒント**
入力可能な範囲の移動
シートが保護されている状態で、入力や書き換えが可能な範囲内だけでアクティブセルを移動するには**Tab**キーを押します。

操作 👉 シートの保護を解除する

Step 1 シートの保護を解除します。

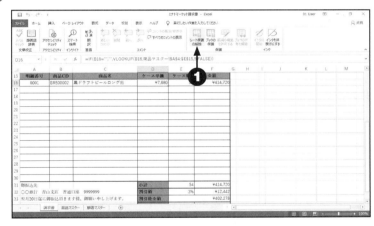

❶ [校閲] タブの [シート保護の解除] ボタンをクリックします。

💡 **ヒント**
シートを保護するパスワードを忘れた場合
シートを保護するパスワードを設定した場合、パスワードを忘れてしまうと、シートの保護を解除することができなくなります。パスワードは忘れないようにしましょう。

Step 2 シートの保護が解除されたことを確認します。

❶ セルF16をクリックして任意の数値を入力します。

❷ 数値が問題なく入力されたことを確認します。

❸ [元に戻す] ボタンをクリックして、入力をキャンセルします。

ヒント シートの保護のその他の設定方法

[ファイル] タブをクリックし、[情報] の [ブックの保護] ボタンの一覧の [現在のシートの保護] をクリックしても、選択しているシートの保護の設定や解除を行うことができます。

ブックの保護

ブックを保護すると、非表示のワークシートの再表示、ワークシートの順番の変更、およびワークシートの追加や削除を行うことができなくなります。ブックを保護することで、ブックの構成を他のユーザーによって変更されるのを防ぐことができます。

操作 ブックの保護を設定する

シート「顧客マスター」を非表示にしてから、ブック「ミナトマーケット請求書」を保護して、ブックの構成が変更できなくなることを確認しましょう。

Step 1 シート「顧客マスター」を非表示にします。

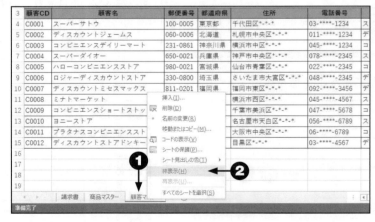

❶ シート見出し「顧客マスター」を右クリックします。

❷ ショートカットメニューの [非表示] をクリックします。

ヒント シートの再表示

非表示にしたシートを再表示したい場合は、表示されているシートのシート見出しを右クリックして [再表示] をクリックします。[再表示] ダイアログボックスの [表示するシート] ボックスでシートを選択し、[OK] をクリックします。

Step 2 [シート構成とウィンドウの保護] ダイアログボックスを開きます。

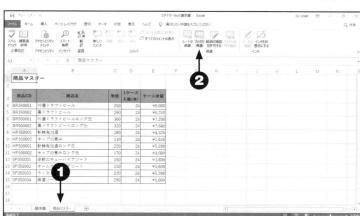

❶ シート「顧客マスター」が非表示になっていることを確認します。

❷ [ブックの保護] ボタンをクリックします。

Step 3 シートの構成を保護します。

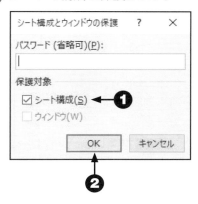

❶ [保護対象] の [シート構成] チェックボックスがオンになっていることを確認します。

❷ [OK] をクリックします。

💡 ヒント
ブックの保護のパスワード
[パスワード] ボックスにパスワードを入力すると、ブックの保護を解除するときのパスワードを設定できます。パスワードを忘れると、ブックの保護を解除できなくなります。

Step 4 ブックが保護されたことを確認します。

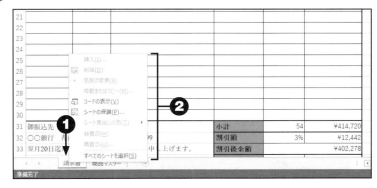

❶ シート見出し「請求書」を右クリックします。

❷ ショートカットメニューの [再表示] などの項目が灰色になっていることを確認します。

💡 ヒント
ブックの保護の解除
ブックの保護を解除するには [校閲] タブの [ブックの保護] ボタンをクリックします。

Step 5 ブックを [保存用] フォルダーに保存します。

💡 ヒント　**ブックの保護とシートの保護の違い**
　　　　　ブックの保護は、ブック内のシートの構成を保護するために使います。シートの保護は、ワークシート内のセルやグラフなど、ワークシートの構成要素を保護するために使います。用途に応じてブックの保護とシートの保護を使い分けます。

第 3 章　データの配布

ヒント　ブックの保護のその他の設定方法

ブックの保護は、[ファイル] タブの [情報] をクリックし、[ブックの保護] ボタンの一覧で [ブック構成の保護] をクリックしても設定することができます。

ヒント　互換性チェック

2019より前のバージョンのExcelを使用しているユーザーにファイルを配布することが考えられる場合は、事前に互換性チェックを行うとよいでしょう。互換性チェックを行うと、以前のバージョンのExcelで書式が無効になったり表示が崩れたりする可能性がないか、Excel 2019固有の機能が含まれていないか、を確認することができます。互換性チェックを行うには、[ファイル] タブの [情報] をクリックし、[問題のチェック] ボタンの一覧の [互換性チェック] をクリックします。

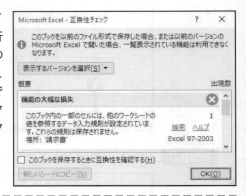

最終版として設定

ブックを最終版として設定すると、ブックは読み取り専用になり、編集を推奨しないメッセージが表示されます。ユーザーに対して、ファイルが完成しているため編集を防ぐ状態であることを明示的に表すことができます。

操作　最終版として設定する

ブック「ミナトマーケット請求書」を最終版として設定しましょう。

Step 1 [ファイル] タブをクリックします。

Step 2 ブック「ミナトマーケット請求書」を最終版にします。

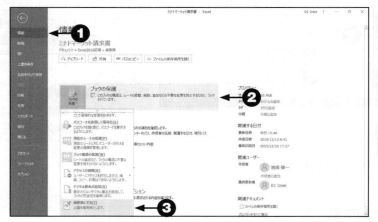

❶ [情報] が選択されていることを確認します。

❷ [ブックの保護] ボタンをクリックします。

❸ [最終版にする] をクリックします。

Step 3 最終版に設定するというメッセージが表示されたら、[OK] をクリックします。

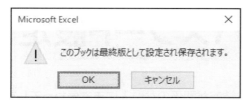

Step 4 最終版として設定したというメッセージが表示されたら、[OK] をクリックします。

Step 5 最終版のメッセージを確認します。

❶ タイトルバーに [読み取り専用] と表示されていることを確認します。

❷ 編集を推奨しないメッセージが表示されていることを確認します。

💡 ヒント
ステータスバーの表示
ブックを最終版に設定すると、ステータスバーに最終版であることを示す が表示されます。

Step 6 読み取り専用になっていることを確認します。

❶ [挿入] タブをクリックします。

❷ リボンのほとんどのボタンが灰色になっていることを確認します。

Step 7 ブックを [保存用] フォルダーに保存して閉じます。

💡 ヒント　最終版として設定されたブックの編集
ブックを最終版として設定すると、ブックが読み取り専用になり、編集を推奨しないメッセージが表示されますが、[編集する] ボタンをクリックすると編集できるようになります。
または、[ファイル] タブの [情報] をクリックし、[ブックの保護] ボタンの一覧の [最終版にする] をクリックしても最終版が解除され、編集できるようになります。

ドキュメント検査とパスワード設定

ブックをほかのユーザーに配布する場合、重要な情報が関係のない人にまで伝わってしまわないかどうかを、事前に確認する必要があります。ブックに非表示になっているデータや個人情報などが含まれていないかどうかは、「ドキュメント検査」を行うことで調べられます。また、ブックを開いたり、書き換えたりするのに「パスワード」の入力を必要とするように設定することができます。

■ ドキュメント検査

ブックには、ワークシートのセルに入力されているデータ以外に、作成や更新の日付やユーザー名、タイトル、キーワード (タグ) などが「プロパティ」として保存されています。このプロパティに個人情報などが書かれていないか、非表示のデータがないか、などを調べるのが「ドキュメント検査」の機能です。

項目	検査内容
コメントと注釈	コメントなどが含まれているか
ドキュメントのプロパティと個人情報	ドキュメントに個人情報などが保存されていないか
ヘッダーとフッター	ヘッダーとフッターが含まれているか
非表示の行と列	非表示の行と列が含まれているか
非表示ワークシート	非表示ワークシートが含まれているか
非表示の内容	非表示に設定されているオブジェクトが存在するか

■ パスワードの設定

特定の人だけがブックの内容を確認したり、書き換えたりできるようにしたい場合は、ブックにパスワードを設定します。読み取りパスワードと書き込みパスワードの2種類があり、以下のように使い分けます。

パスワードの種類	動作と目的
読み取りパスワード	パスワードを入力しないとブックを開けない
書き込みパスワード	パスワードを入力しないと読み取り専用でブックが開く

ドキュメント検査

ドキュメント検査を行うと、作成したブックに個人を特定できるような情報や非表示のデータがないかを検査して、必要に応じて削除することができます。

操作 ドキュメント検査を実行する

ブック「ミナトマーケット請求書」を開き、ドキュメント検査を実行しましょう。

Step 1 ［保存用］フォルダーのブック「ミナトマーケット請求書」を開きます。

Step 2 最終版を解除します。

❶［編集する］ボタンをクリックします。

💡 ヒント
最終版の解除
ブック「ミナトマーケット請求書」は、前の節の操作で最終版に設定しています。そのため最終版を解除してから操作を行います。

Step 3 シート「請求書」の列G～列Jを非表示にします。

❶ 列G～Jを範囲選択します。

❷ 範囲選択した列内で右クリックします。

❸［非表示］をクリックします。

💡 ヒント
列の再表示
列を再表示するには、非表示になっている列の左隣りと右隣りの列を選択して右クリックし、ショートカットメニューの［再表示］をクリックします。

Step 4 任意のセルをクリックして、列の選択を解除します。

Step 5 ［ファイル］タブをクリックします。

第3章 データの配布 71

Step 6 ファイルのプロパティを確認します。

❶ [情報] が選択されていることを確認します。

❷ [作成者] に [池田 修一] と表示されていることを確認します。

Step 7 [ドキュメント検査] ダイアログボックスを開きます。

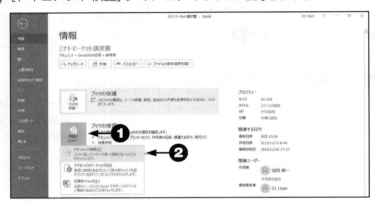

❶ [問題のチェック] ボタンをクリックします。

❷ [ドキュメント検査] をクリックします。

Step 8 保存の確認メッセージが表示されたら、[はい] をクリックします。

Step 9 ドキュメント検査を実行します。

❶ スクロールして検査する項目を確認します。

❷ [検査] をクリックします。

💡 **ヒント**
検査項目の切り替え

ドキュメント検査を行う項目は、項目の左にあるチェックボックスのオン/オフで、検査を行うか行わないかを選択することができます。

Step 10 検査結果を確認し、個人情報を削除します。

❶ スクロールして検査結果を確認します。

❷ [ドキュメントのプロパティと個人情報] の [すべて削除] をクリックします。

💡 **ヒント**
ドキュメント検査で削除した情報
[ドキュメント検査] ダイアログボックスを使って削除した情報は元に戻すことができない場合があります。ドキュメント検査を行う前のファイルも残したい場合には、ドキュメント検査を行うファイルを別の名前を付けて保存します。

Step 11 個人情報が削除されたことを確認します。

❶ ドキュメントのプロパティと個人情報が削除されたことを確認します。

❷ [閉じる] をクリックします。

💡 **ヒント**
その他の検査結果
このほか！マークが表示された項目のうち、[非表示の行と列] はシート「請求書」の列G〜列Jを、および [非表示のワークシート] はシート「顧客マスター」を指しています。これらを削除する場合は同様に操作を行います。

Step 12 [ファイル] タブをクリックします。

Step 13 ファイルのプロパティを確認します。

❶ [作成者] に作成者名が表示されていないことを確認します。

第3章 データの配布 73

パスワードの設定

ブックにパスワードを設定すると、パスワードを知っているユーザーだけがブックを扱えるように制限することができます。

ブックのパスワードは、[名前を付けて保存] ダイアログボックスの [ツール] ボタンの一覧から [全般オプション] をクリックして設定します。

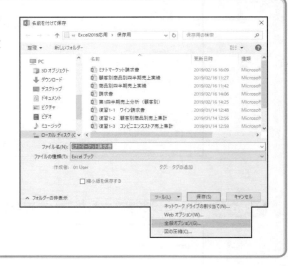

操作 読み取りパスワードを設定する

ブック「ミナトマーケット請求書」に、「MAY-R001」という読み取りパスワードを設定しましょう（パスワードの末尾3桁は数字です）。

Step 1 [名前を付けて保存] ダイアログボックスを開きます。

Step 2 [全般オプション] ダイアログボックスを開きます。

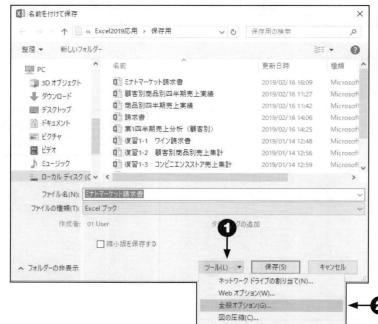

❶ [ツール] をクリックします。

❷ [全般オプション] をクリックします。

Step 3 読み取りパスワードを設定します。

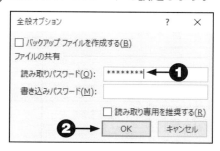

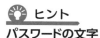

❶ [読み取りパスワード] ボックスに「MAY-R001」と入力します。

❷ [OK] をクリックします。

💡 ヒント
パスワードの文字
パスワードの文字は*（アスタリスク）で表示されます。パスワードでは、大文字と小文字を区別する点を注意しましょう。

Step 4 パスワードを確認します。

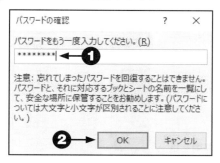

❶ [パスワードをもう一度入力してください] ボックスに「MAY-R001」と入力します。

❷ [OK] をクリックします。

Step 5 [ファイルの場所] ボックスに「保存用」と表示されていることを確認し、ブックを上書き保存して閉じます（[名前を付けて保存の確認] メッセージが表示されたら [はい] をクリックします）。

💡 ヒント **書き込みパスワード設定**
書き込みパスワードを設定する場合は、[全般オプション] ダイアログボックスの [書き込みパスワード] ボックスにパスワードを入力します。

💡 ヒント **[読み取り専用を推奨する] チェックボックス**
[全般オプション] ダイアログボックスの [読み取り専用を推奨する] チェックボックスをオンにすると、ブックを誤って編集するのを防ぐことができます。
ブックを開くときに、読み取り専用で開くかどうかを確認するメッセージが表示されます。読み取り専用で開く場合は、[はい] をクリックします。

ブックを読み取り専用で開いて編集を行うと、上書き保存ができなくなります。編集して保存しようとすると、編集後のブックに別の名前を付けて保存することを確認するメッセージが表示されます。

ヒント パスワードの管理

パスワードを忘れてしまうと、パスワードを設定したブックを開くことができなくなります。パスワードとブックの名前を一覧にして、安全な場所に保管するなどの対策をお勧めします。

ヒント パスワードおよび読み取り専用の継承

[全般オプション]ダイアログボックスで設定した読み取りパスワードは、[ドキュメントの暗号化]ダイアログボックスに引き継がれます。

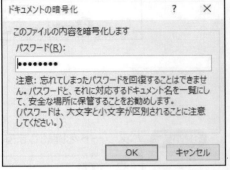

[ドキュメントの暗号化]ダイアログボックスは次の手順で表示できます。
1. [ファイル]タブをクリックします。
2. [情報]にある[ブックの保護]ボタンの一覧の[パスワードを使用して暗号化]をクリックします。

また、[全般オプション]ダイアログボックスで[読み取り専用を推奨する]チェックボックスをオンにした場合、[情報]タブの[ブックの保護]ボタンの一覧の[常に読み取り専用で開く]がオンになります。

操作 読み取りパスワードを設定したブックを開く

[保存用]フォルダーに保存したブック「ミナトマーケット請求書」を開き、パスワードの入力を求められることを確認しましょう。

Step 1 [保存用]フォルダーのブック「ミナトマーケット請求書」を開きます。

Step 2 パスワードを入力します。

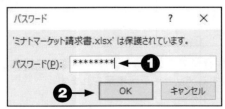

❶ [パスワード]ボックスに「MAY-R001」と入力します。

❷ [OK]をクリックします。

Step 3 ブック「ミナトマーケット請求書」が開くことを確認します。

操作 パスワードを解除する

ブック「ミナトマーケット請求書」に設定した、読み取りパスワード「MAY-R001」を解除しましょう。

Step 1 [名前を付けて保存] ダイアログボックスを開きます。

Step 2 [ツール] ボタンの一覧の [全般オプション] をクリックして [全般オプション] ダイアログボックスを開きます。

Step 3 パスワードを解除します。

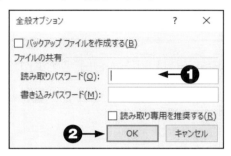

❶ [読み取りパスワード] ボックスに入力したパスワードを削除します。

❷ [OK] をクリックします。

Step 4 ブック「ミナトマーケット請求書」を上書き保存します（[名前を付けて保存の確認] メッセージが表示されたら [はい] をクリックします）。

ヒント　書き込みパスワードを設定したブックを開く場合

書き込みパスワードを設定したブックを開くと、上書き保存するためのパスワードが要求されます。パスワードがわかっている場合は、パスワードを入力します。

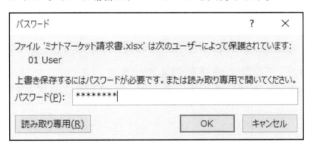

パスワードがわからない場合でも [読み取り専用] ボタンをクリックすると、ブックを読み取り専用で開いて内容を確認することができます。

PDFファイルの作成

Excelで作成したブックを開くには、基本的にExcelが必要です。タブレットやスマートフォンでブックを見ようとしても、大部分の機器にはExcelがインストールされていません。このような場合、ExcelのブックをPDFに変換して、PDFファイルを利用する方法が有効です。ほとんどのパソコンやスマートフォンが、PDFファイルを開く機能を持つアプリを備えているためです。

Excelで作成したブックをPDFファイルとして保存するには、[ファイル] タブの [エクスポート] のコマンドを利用します。

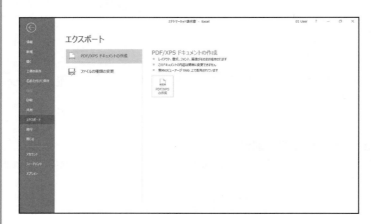

保存したPDFファイルを開くには、そのためのアプリ (アプリケーション) が必要です。WebブラウザーのMicrosoft EdgeなどがPDFを開く機能を備えています。より細かい操作ができるAdobe Acrobat Readerが無償提供されているので、それをインストールして利用することもできます。

PDFファイルには次のような利点があります。
・ほとんどのコンピューターで、同じような見た目で表示されます。
・フォント、書式、画像データが維持されます。
・ファイル内容を簡単に変更できなくなります。

重要　印刷の設定

印刷の設定をしないでPDFに変換すると、レイアウトが崩れた状態になるため、必ず事前に印刷の設定を行ってからPDFファイルを作成してください。

操作 ☛ PDFファイルを作成する

ブック「ミナトマーケット請求書」を元に、PDFファイルを作成しましょう。

Step 1 [ファイル] タブをクリックします。

Step 2 [PDFまたはXPS形式で発行] ダイアログボックスを開きます。

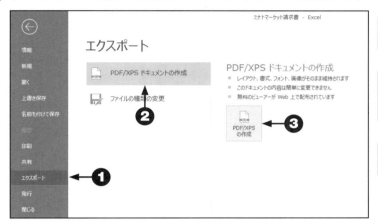

❶ [エクスポート] をクリックします。

❷ [エクスポート] の [PDF/XPSドキュメントの作成] をクリックします。

❸ [PDF/XPSの作成] ボタンをクリックします。

Step 3 PDFファイルを発行します。

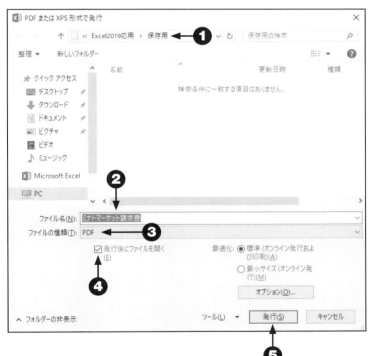

❶ [ファイルの場所] ボックスに「保存用」と表示されていることを確認します。

❷ [ファイル名] ボックスに「ミナトマーケット請求書」と表示されていることを確認します。

❸ [ファイルの種類] ボックスに「PDF」と表示されていることを確認します。

❹ [発行後にファイルを開く] チェックボックスがオンになっていることを確認します。

❺ [発行] をクリックします。

Step 4 ファイルがPDFとして発行されたことを確認します。

❶ Microsoft Edgeが起動し、請求書がPDF形式で発行されたことを確認します。

💡 **ヒント**
PDFファイルの確認
通常、Windows 10ではMicrosoft EdgeがPDFファイルを開くアプリとして起動します。

Step 5 閉じるボタンをクリックしてMicrosoft Edgeを終了します。

Step 6 ブックを保存しないで閉じます。

💡 **ヒント** **[PDFまたはXPS形式で発行]ダイアログボックスのオプション**
[PDFまたはXPS形式で発行]ダイアログボックスの[オプション]ボタンをクリックすると、[オプション]ダイアログボックスが開きます。
[オプション]ダイアログボックスでは、PDFとして発行するページや発行対象などを選択することができます。

💡 **ヒント** **[PDFファイルを作成するその他の方法**
[ファイル]タブの[名前を付けて保存]をクリックし、[参照]をクリックして[名前を付けて保存]ダイアログボックスを開きます。[ファイルの種類]ボックスで[PDF]を選択してもPDFファイルを作成することができます。

📶 この章の確認

- ☐ ワークシートを保護することができますか？
- ☐ ブックの保護を設定することができますか？
- ☐ ブックを最終版として保存することができますか？
- ☐ ドキュメント検査を実行することができますか？
- ☐ 読み取りパスワードを設定することができますか？
- ☐ 読み取りパスワードを解除することができますか？
- ☐ PDFファイルを作成することができますか？

問題 3-1

データの書き換えを可能にしたいセルのロックを解除し、シートを保護しましょう。

1. ［復習問題］フォルダーに保存されているブック「復習3　ジェームス請求書」を開きましょう。

2. データの書き換えを可能にしたいセルA16～B30とセルE16～E30のロックを解除しましょう。

3. ロックを解除したセル以外のデータが書き換えられないように、ワークシートの保護を設定しましょう。

4. セルA16に「1」、セルB16に「WRFRA001」、セルE16に「15」と入力しましょう。

5. セルC16に任意の値を入力し、データが書き換えられないことを確認しましょう。

6. ワークシートの保護を解除しましょう。

問題 3-2

ブックの保護を行い、最終版として設定しましょう。

1. シート「顧客マスター」を非表示にしてから、ブックを保護して、ブックの構成が変更できなくなることを確認しましょう。

2. ブックを［保存用］フォルダーに保存しましょう。

3. ブックを最終版として設定しましょう。

問題 3-3

ドキュメント検査を行ってブックに保存されている個人情報を削除し、ブックに読み取りパスワードを設定しましょう。

1. ブックの最終版の設定を解除しましょう。

2. ドキュメント検査を実行し、作成者などの個人情報を削除しましょう。

3. ブック「復習3　ジェームス請求書」に、「JUN-W001」（末尾3桁は数字）という読み取りパスワードを設定し、ブックを上書き保存して閉じましょう。

4. ［保存用］フォルダーに保存したブック「復習3　ジェームス請求書」を開き、パスワードの入力を求められることを確認し、パスワードを入力してブックを開きましょう。

問題 3-4

ブックをPDFファイルとして作成する方法を確認しましょう。

1. ブック「復習3　ジェームス請求書」を元にPDFファイルを作成しましょう。

2. 内容を確認し、PDFファイルを閉じましょう。

3. ブックを保存しないで閉じましょう。

データのビジュアル化

■ 発展的なグラフ
■ グラフの詳細設定
■ 条件付き書式とスパークライン
■ グラフィックの活用

発展的なグラフ

Excelには、円グラフや棒グラフ、折れ線グラフなどの一般的なグラフのほかにも、さまざまな種類のグラフが用意されています。その資料の用途に応じてグラフを選択し、目的に合った方法でデータを視覚化する工夫が必要です。

Excelに用意されているさまざまなグラフについて確認しましょう。

■ 補助グラフ付き円グラフ
補助グラフ付き円グラフを使うと、割合の小さな要素を補助的なグラフに表示して見やすくすることができます。補助グラフ付き円グラフには、補助円グラフ付き円グラフと補助縦棒付き円グラフの2種類があります。

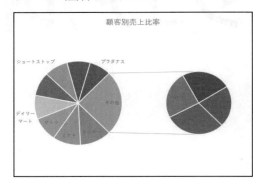 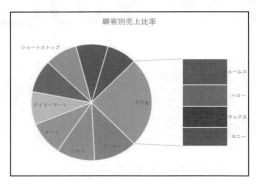

■ 複合グラフ
たとえば、縦棒グラフと折れ線グラフを組み合わせると、異なる種類のデータ系列同士を比較することができます。異なる種類のデータ(売上金額と比率や売上金額と数量など)が使用されている場合などは、主軸と第2軸を使用します。

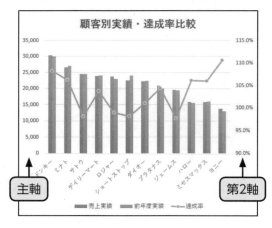

■ 複合グラフにできないグラフ
円グラフ、3-Dグラフの場合、ほかのグラフと組み合わせて複合グラフを作ることはできません。

補助円グラフ付き円グラフ

補助円グラフ付き円グラフを作成する場合は、あらかじめ対象となる系列を基準にデータを並べ替えておく必要があります。
グラフ化するデータ系列を基準にして降順で並べ替えてから、補助円グラフ付き円グラフを作成します。

操作 グラフ化するデータ系列を基準に並べ替える

ブック「第1四半期売上分析(顧客別)」を開き、シート「売上分析」の列「売上実績」を基準に降順で並べ替えましょう。

Step 1 [保存用]フォルダーのブック「第1四半期売上分析(顧客別)」を開きます。この章から学習を開始する場合は、[Excel2019応用]フォルダーのブック「4章 第1四半期売上分析(顧客別)」を開きます。

Step 2 「売上実績」を基準に、データを降順で並べ替えます。

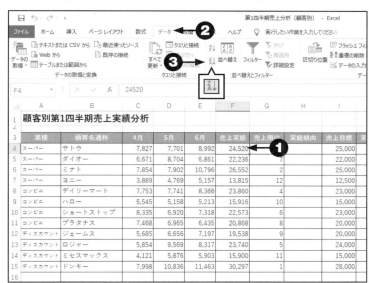

❶「売上実績」の列内の任意のセルをアクティブにします。

❷[データ]タブをクリックします。

❸[降順]をクリックします。

ヒント
並べ替え
[ホーム]タブの[並べ替えとフィルター]ボタンの一覧の[昇順]または[降順]ボタンをクリックしても、並べ替えを行うことができます。

Step 3 列「売上実績」を基準に、データが降順で並べ替えられたことを確認します。

操作 補助円グラフ付き円グラフを作成する

売上実績の比率を把握するために、補助円グラフ付き円グラフを作成し、表の下に移動して見栄えを整えましょう。

Step 1 グラフにする範囲を選択します。

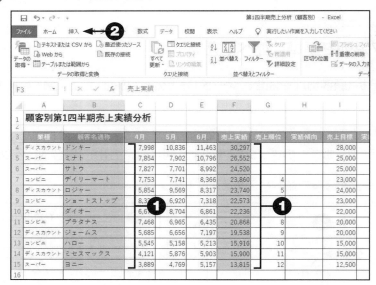

❶ セルB3～B15とセルF3～F15を範囲選択します。

❷ [挿入] タブをクリックします。

Step 2 グラフの種類と形式を選択します。

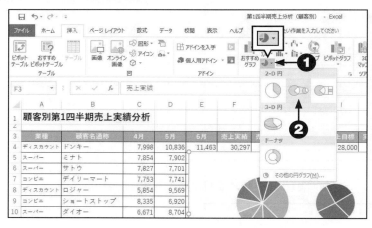

❶ [円またはドーナツグラフの挿入] ボタンをクリックします。

❷ [補助円グラフ付き円グラフ] をクリックします。

ヒント
グラフのイメージ
グラフのボタンをポイントすると、グラフのイメージが表示され、完成イメージを確認することができます。

Step 3 グラフが表の下に表示されるように、グラフを移動します。

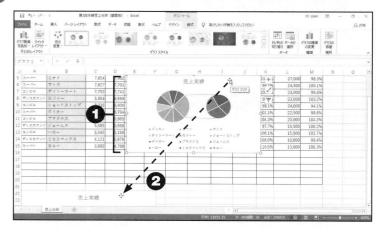

❶ 補助円グラフ付き円グラフが選択されていることを確認します。

❷ グラフの左上隅がセルA22になるようにドラッグします。

Step 4 グラフのサイズを変更します。

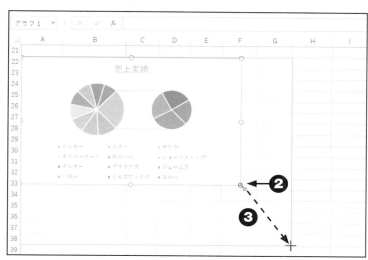

❶ 補助円グラフ付き円グラフ全体が表示されるまで下にスクロールします。

❷ グラフの外枠右下のサイズ変更ハンドルをポイントします。

❸ セルG38までドラッグします。

Step 5 グラフのレイアウトを変更します。

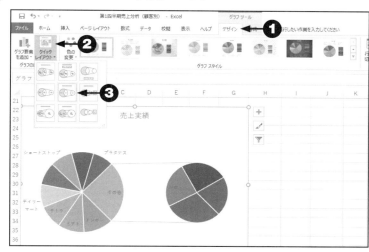

❶ [デザイン] タブをクリックします。

❷ [クイックレイアウト] ボタンをクリックします。

❸ [レイアウト5] をクリックします。

Step 6 グラフタイトルを「顧客別売上比率」に変更します。

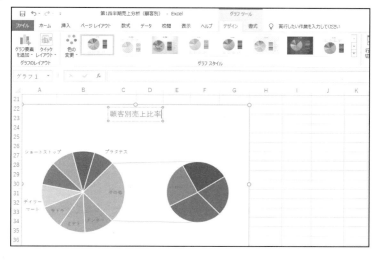

💡 **ヒント**
補助円に移動するデータの数
既定では、下位4つの要素が補助円に配置されます。

Step 7 グラフ以外の部分をクリックしてグラフの選択を解除します。

データ系列の追加

グラフを作成した後で、必要に応じてデータ系列を追加または削除することができます。

■ **データ系列とは**
グラフ上の関連するデータの集まり（基となるワークシート上のデータでは1行または1列に入力されている値のグループ）のことを、「データ系列」といいます。データ系列は、色やパターンで区別されてグラフに表示されます。

・データ系列の追加前（系列「売上実績」だけのグラフ）

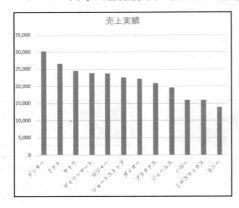

・データ系列の追加後（系列「前年度実績」を追加したグラフ）

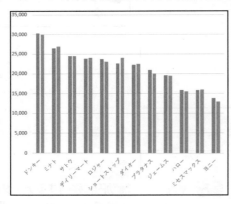

■ **データ系列の追加方法**
データ系列を追加するには、次の2つの方法があります。
1. 連続した範囲を追加
   グラフ全体またはグラフのプロットエリア（グラフが表示されている領域）を選択すると、表中のグラフ化されているセル範囲が色の付いた線で囲まれて表示されます。この線をドラッグすることで、データ系列を追加することができます。
2. 離れた範囲を追加
   離れた範囲の場合は、グラフの項目として表示するセルを含めて、データ系列に追加するセルを範囲選択してコピーし、グラフに貼り付けることで、データ系列を追加することができます。

操作 縦棒グラフを作成する

各顧客の売上金額を比較する集合縦棒グラフを作成しましょう。

Step 1 表を表示し、グラフ化する範囲、セルB3～B15とセルF3～F15を範囲選択します。

Step 2 [挿入] タブの [縦棒/横棒グラフの挿入] ボタンをクリックし、[2-D縦棒] の [集合縦棒] をクリックして、集合縦棒グラフを作成します。

Step 3 集合縦棒グラフが作成されたことを確認します。

Step 4 セルH22～M38の範囲にグラフを移動し、サイズ調整を行います。

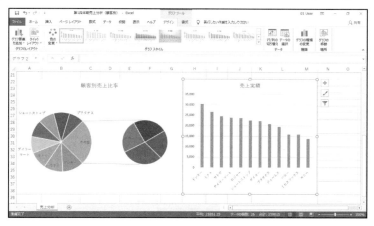

操作 データ系列を追加する

作成した集合縦棒グラフに、「前年度実績」のデータ系列を追加しましょう。さらにデータ系列を区別しやすくするために、グラフの下に凡例を追加しましょう。

Step 1 表を表示し、セルL3～L15を範囲選択してコピーします。

Step 2 グラフにデータ系列を追加します。

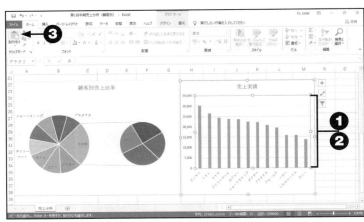

① 集合縦棒グラフを表示し、グラフのプロットエリアをクリックします。

② プロットエリアにハンドルが表示され、選択されたことを確認します。

③ [ホーム] タブの [貼り付け] ボタンをクリックします。

💡 **ヒント**
プロットエリア
グラフが表示されている範囲のことを「プロットエリア」といいます。

💡 **ヒント**
データ系列の貼り付け
グラフエリアをクリックし、[貼り付け] ボタンをクリックしても貼り付けることができます。

Step 3 グラフにデータ系列「前年度実績」が追加されたことを確認します。

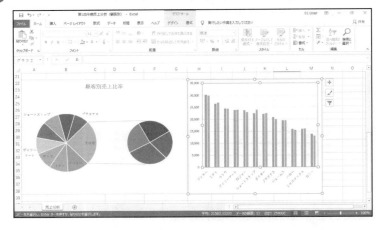

💡 **ヒント**
データ系列の削除
追加したデータ系列を削除するには、削除したいデータ系列をグラフ上で選択して、**Delete**キーを押します。

Step 4 グラフの下に凡例を追加します。

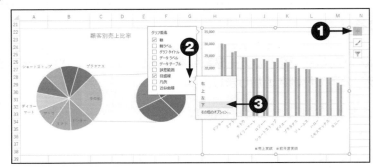

① [グラフ要素] ボタンをクリックします。

② [凡例] チェックボックスをポイントし、右向き三角ボタンをクリックします。

③ [下] をクリックします。

90 　発展的なグラフ

Step 5 グラフの下に凡例が追加されたことを確認します。

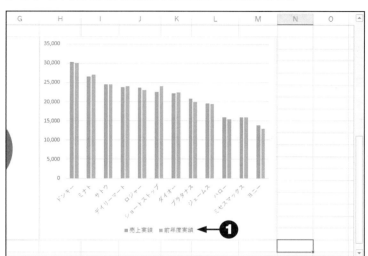

❶ グラフ以外の場所をクリックしてグラフの選択を解除し、グラフの下に凡例が追加されたことを確認します。

💡ヒント　データ系列の順序の変更

グラフのデータ系列の順序は、必要に応じて入れ替えることができます。データ系列の順序を変更するには、次の手順で操作します。

1. グラフを選択して [デザイン] タブを表示します。

2. [デザイン] タブの [データの選択] ボタンをクリックします。

3. [データソースの選択] ダイアログボックスが開いたら、[凡例項目（系列）] ボックスで移動したいデータ系列をクリックし、▲または▼をクリックしてデータ系列の順序を入れ替え、[OK] をクリックします。

また、[行/列の切り替え] ボタンをクリックすると、グラフの数値軸と項目軸に配置する項目を切り替えることができます。

種類の異なるグラフの組み合わせ

1つのグラフに、異なる種類のグラフを組み合わせて「複合グラフ」を作成することができます。

■ 複合グラフ作成のポイント
売上金額と達成率など、数値の単位の異なる値を組み合わせてグラフを作成することがよくあります。数値の単位が異なる場合は、別の数値軸を使用するグラフに変更すると、それぞれのグラフのデータを見やすくすることができます。売上金額など主要な数値を表示する数値軸を「主軸」、達成率など異なる単位を表示する数値軸を「第2軸」といいます。縦棒グラフとの複合グラフの場合は主軸が左側、第2軸が右側に表示されます。

■ 複合グラフの作成手順
1. 複合グラフにしたいグラフを選択します。
2. グラフの種類を [組み合わせ] グラフに変更します。
3. 異なる数値の単位を使用するグラフの数値軸を第2軸に変更します。

操作☞ データ系列を追加する

作成した集合縦棒グラフに、「達成率」のデータ系列を追加しましょう。

Step 1 表を表示し、セルK3～K15をコピーします。

Step 2 集合縦棒グラフを表示し、グラフのプロットエリアを選択して、[ホーム] タブの [貼り付け] ボタンをクリックし、グラフに「達成率」のデータ系列を追加します。

Step 3 グラフに「達成率」のデータ系列が追加されたことを確認します。

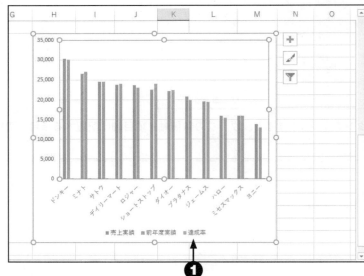

❶ [凡例] に「達成率」が追加されていることを確認します。

❷ Escキーを押して、セルK3～K15の点滅する破線を解除します。

💡 ヒント
追加したデータ系列のグラフが表示されない場合
「達成率」はパーセント単位なので、その他のデータとは桁数に大きな差があります。数値軸の目盛りと比較して値が小さすぎる場合、グラフとして表示されないことがあります。

操作 追加したデータ系列を折れ線グラフに変更する

追加したデータ系列「達成率」のグラフの種類を折れ線グラフに変更しましょう。

Step 1 [グラフの種類の変更] ダイアログボックスを開きます。

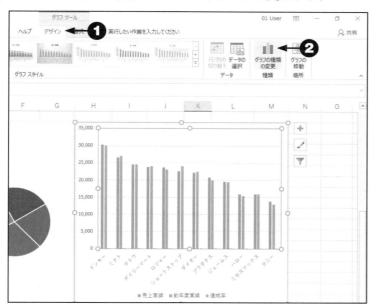

❶ [デザイン] タブをクリックします。

❷ [グラフの種類の変更] ボタンをクリックします。

Step 2 達成率のグラフの種類を折れ線グラフに変更します。

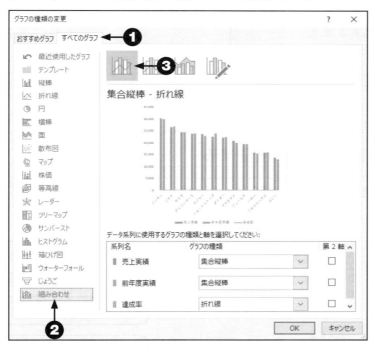

❶ [すべてのグラフ] タブが選択されていることを確認します。

❷ [組み合わせ] をクリックします。

❸ [集合縦棒-折れ線] (左から1番目) をクリックします。

第4章 データのビジュアル化 93

Step 3 折れ線グラフの種類を変更します。

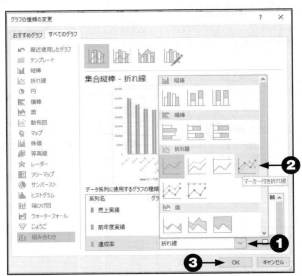

❶ [データ系列に使用するグラフの種類と軸を選択してください] ボックスの [達成率] の [グラフの種類] ボックスの▼をクリックします。

❷ [折れ線] の [マーカー付き折れ線] (1行目の右から1番目) をクリックします。

❸ [OK] をクリックします。

Step 4 達成率がマーカー付き折れ線グラフに変わったことを確認します。

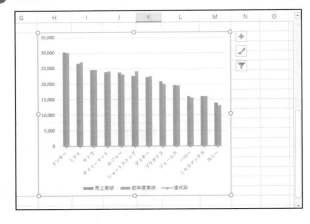

操作 ☞ 折れ線グラフの数値軸を第2軸に変更する

折れ線グラフの数値軸を第2軸に変更し、第2軸を使用する複合グラフにしましょう。

Step 1 [データ系列の書式設定] 作業ウィンドウを開きます。

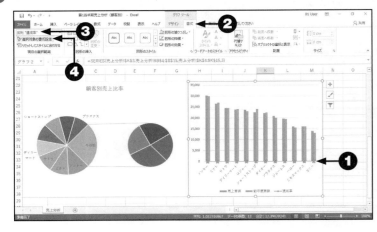

❶ 折れ線グラフ (達成率のデータ系列) をクリックします。

❷ [書式] タブをクリックします。

❸ [現在の選択範囲] グループのボックスに [系列 "達成率"] と表示されていることを確認します。

❹ [選択対象の書式設定] ボタンをクリックします。

Step 2 折れ線グラフの数値軸を第2軸に変更します。

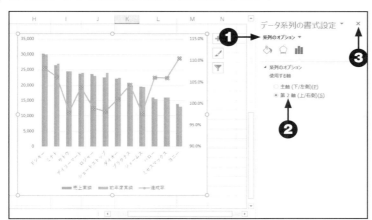

❶ [系列のオプション] が選択されていることを確認します。

❷ [第2軸] をクリックします。

❸ 閉じるボタンをクリックします。

Step 3 第2軸を使用する複合グラフに変わったことを確認します。

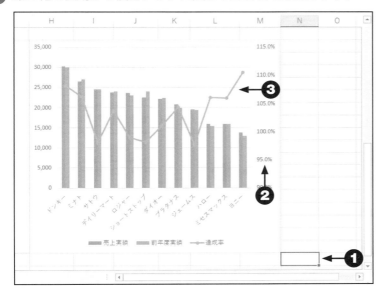

❶ グラフ以外の場所をクリックして選択を解除します。

❷ グラフの右側に第2軸が表示され、目盛の単位が％になっていることを確認します。

❸ 折れ線グラフが表示されたことを確認します。

操作 複合グラフの書式を整える

グラフの上にタイトルを追加し、グラフスタイルを変更しましょう。

Step 1 グラフを選択後、➕ [グラフ要素] ボタンをクリックし、[グラフタイトル] チェックボックスの右向き三角のボタンをクリックし、[グラフの上] をクリックしてグラフタイトルを追加します。

Step 2 グラフタイトルを編集します。

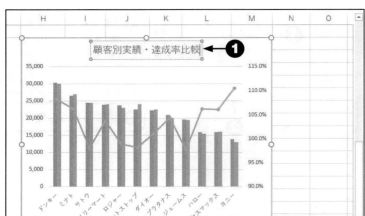

❶「顧客別実績・達成率比較」と入力します。

Step 3 グラフスタイルを変更します。

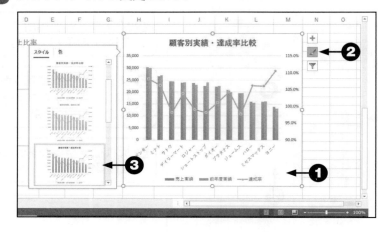

❶グラフエリアをクリックします。

❷[グラフスタイル]ボタンをクリックします。

❸[スタイル4]をクリックします。

💡 **ヒント**
グラフの色
[グラフスタイル]の[色]をクリックすると、グラフの色を変更できます。

Step 4 グラフスタイルが変わったことを確認します。

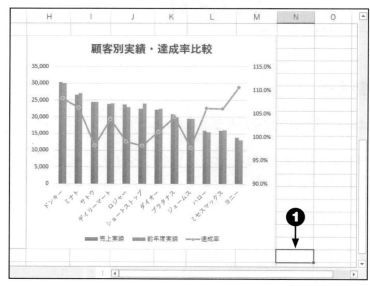

❶グラフ以外の場所をクリックしてグラフの選択を解除し、グラフスタイルが変わったことを確認します。

96 | 発展的なグラフ

グラフの詳細設定

既定のグラフを、目的に合ったわかりやすいグラフにするためには、グラフの各種オプションを設定します。オプションの設定を行うと、グラフの表示方法を変えることができ、データの特徴をより強調することができます。データを表現する目的に応じて、グラフのオプションを設定しましょう。

よく使われるオプションの設定について確認しましょう。

■ **データラベルとデータテーブル**

グラフの基データをグラフに表示する方法には、「データラベル」と「データテーブル」があります。
・データラベルを使うと、「円」や「折れ線」のすぐ近くに値を表示することができます。
・複数のデータ系列に対してデータラベルを表示すると、かえってわかりづらくなることがあります。データテーブルを使うと、複数のデータ系列の値を、表形式でグラフ内に表示することができます。

■ **グラフ要素の書式設定**

グラフ要素の書式設定は、[デザイン] タブと [書式] タブで設定できます。より詳細な設定を行う場合は、グラフ要素の作業ウィンドウを使います。

・補助円グラフ付き円グラフの [データ系列の書式設定] 作業ウィンドウ

・複合グラフの [軸の書式設定] 作業ウィンドウ

たとえば、補助円の大きさを小さくすることで重要度を変えることができます。

たとえば、数値軸の最大値と最小値を変更することで、差を大きく見せることができます。

第4章 データのビジュアル化

データラベルとデータテーブル

グラフの基データをグラフに表示するには、「データラベル」と「データテーブル」の2つの方法があります。「データラベル」と「データテーブル」は[デザイン]タブで設定します。

操作☞ データラベルを表示する

補助円グラフ付き円グラフにパーセンテージのデータラベルを追加しましょう。

Step 1 [データラベルの書式設定]作業ウィンドウを開きます。

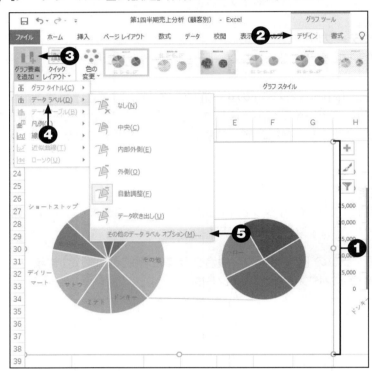

❶ 補助円グラフ付き円グラフのグラフエリアをクリックして選択します。

❷ [デザイン]タブをクリックします。

❸ [グラフ要素を追加]ボタンをクリックします。

❹ [データラベル]をポイントします。

❺ [その他のデータラベルオプション]をクリックします。

Step 2 データラベルのラベルオプションを設定します。

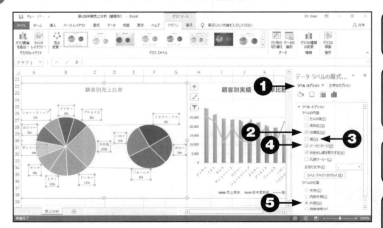

❶ [ラベルオプション]が選択されていることを確認します。

❷ [ラベルの内容]の[分類名]チェックボックスがオンになっていることを確認します。

❸ [値]チェックボックスがオンになっている場合はオフにします。

❹ [パーセンテージ]チェックボックスをオンにします。

❺ [ラベルの位置]の[外部]をクリックします。

Step 3 データラベルの表示形式を設定します。

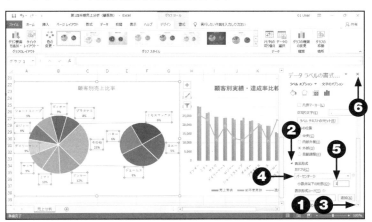

❶ スクロールして[表示形式]を表示します。

❷ [表示形式]をクリックします。

❸ 下までスクロールします。

❹ [カテゴリ]ボックスの▼をクリックし、[パーセンテージ]をクリックします。

❺ [小数点以下の桁数]ボックスに「1」と入力します。

❻ 閉じるボタンをクリックします。

Step 4 補助円グラフ付き円グラフにデータラベルが追加されたことを確認します。

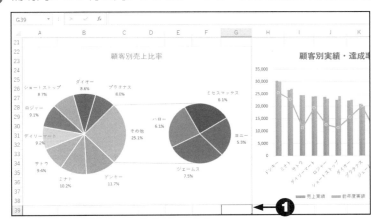

❶ グラフ以外の任意の場所をクリックして、データラベルが追加されたことを確認します。

ヒント
データラベルを削除するには

削除したいデータラベルを選択し、[デザイン]タブの[グラフ要素を追加]ボタンをクリックして、[データラベル]の[なし]をクリックします。

ヒント　特定の要素へのデータラベルの表示

グラフの特定のデータ要素にデータラベルを表示すると、そのデータだけを強調することができます。
たとえば、特定のデータ要素の上にデータラベルを表示するには次の手順で操作します。
ここでは、複合グラフの折れ線グラフの「ヨニー」のデータ要素の上にラベルを表示する例で説明します。

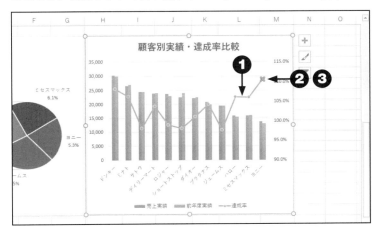

❶ 複合グラフの折れ線グラフをクリックします。

❷ 「ヨニー」のデータ要素をクリックします。

❸ 「ヨニー」のデータ要素が選択されていることを確認します。

第4章　データのビジュアル化　**99**

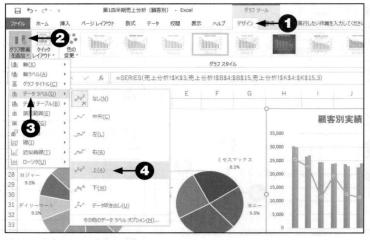

① [デザイン] タブをクリックします。

② [グラフ要素を追加] ボタンをクリックします。

③ [データラベル] をポイントします。

④ [上] をクリックします。

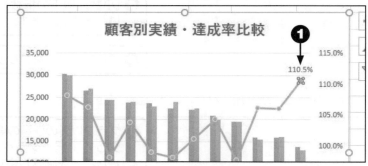

① 「ヨニー」のデータ要素だけにデータラベルが追加されたことを確認します。

操作 🖙 データテーブルを表示する

グラフの基データをデータテーブルとして複合グラフ内に表示し、グラフをグラフシートに移動しましょう。

Step 1 複合グラフのグラフエリアをクリックして選択します。

Step 2 データテーブルを表示します。

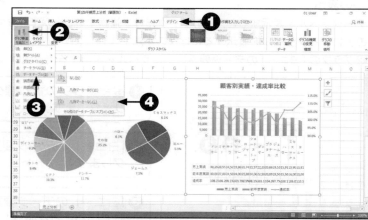

① [デザイン] タブが選択されていることを確認します。

② [グラフ要素を追加] ボタンをクリックします。

③ [データテーブル] をポイントします。

④ [凡例マーカーなし] をクリックします。

📖 用語
データテーブル
「データテーブル」とは、グラフの基になっているデータを表形式でグラフ内に表示したものです。

Step 3 [グラフの移動] ダイアログボックスを開きます。

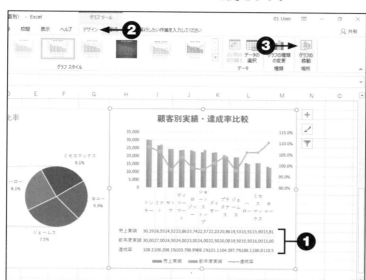

❶ 複合グラフにデータテーブルが表示されたことを確認します。

❷ [デザイン] タブが選択されていることを確認します。

❸ [グラフの移動] ボタンをクリックます。

💡 **ヒント**
データテーブルを使用できないグラフ
データテーブルは、円グラフ、散布図、ドーナツグラフ、バブルチャート、レーダーチャートおよび等高線グラフでは使用できません。

Step 4 [グラフの配置先] の [新しいシート] を選択し、右側のボックスに「顧客別比較」と入力して [OK] をクリックします。

Step 5 複合グラフがシート「顧客別比較」に移動し、表示されていることを確認します。

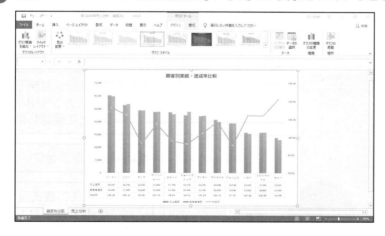

💡 **ヒント** **データテーブルの書式設定**
データテーブルは、テーブルの塗りつぶしと線などの書式を設定することができます。

第 4 章 データのビジュアル化 *101*

ヒント　凡例の非表示

凡例マーカー付きでデータテーブルを表示する場合は、凡例がデータテーブル内とグラフの両方に表示されるため、凡例を非表示にするとよりわかりやすくなります。凡例を非表示にするには、次の手順で操作します。
1. グラフを選択します。
2. ＋ [グラフ要素] ボタンをクリックします。
3. [凡例] チェックボックスをオフにします。

グラフ要素の書式設定

設定対象となるグラフ要素を選択し、[デザイン] タブと [書式] タブを利用して書式を設定できますが、より詳細な書式設定は、各要素の書式設定作業ウィンドウで行います。

> グラフ要素の書式設定を行う場合は次の手順で操作します。
> 1. 設定対象のグラフ要素を選択します。
> 2. 各要素の書式設定作業ウィンドウを開いて詳細を設定します。

操作☞ 補助円グラフ付き円グラフの書式を設定する

補助円グラフ付き円グラフの補助円に表示する要素の数を [3] に設定し、補助円のサイズを [50%] にしましょう。

Step 1 シート「売上分析」をアクティブにし、補助円グラフ付き円グラフを表示します。

Step 2 [データ系列の書式設定] 作業ウィンドウを開きます。

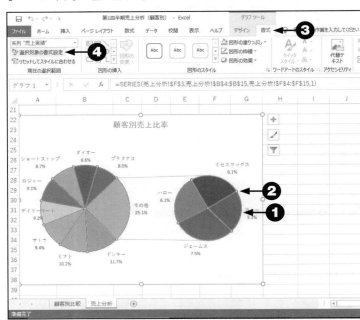

❶ 補助円グラフ付き円グラフのデータ系列をクリックします。

❷ 補助円グラフ付き円グラフのデータ系列にハンドルが表示されていることを確認します。

❸ [書式] タブをクリックします。

❹ [選択対象の書式設定] ボタンをクリックします。

Step 3 補助円に表示するデータ要素の個数と補助円のサイズを変更します。

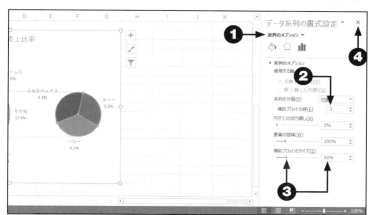

❶ [系列のオプション] が選択されていることを確認します。

❷ [補助プロットの値] の▼をクリックして「3」に変更します。

❸ [補助プロットのサイズ] のスライダーを [50%] になるまでドラッグします。

❹ 閉じるボタンをクリックします。

Step 4 補助円に表示されるデータの個数と補助円のサイズが変わったことを確認します。

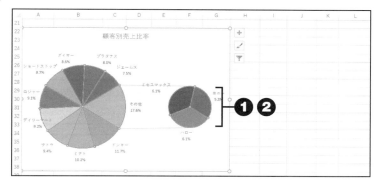

❶ 補助円に表示されるデータの数が [3] になったことを確認します。

❷ 補助円のサイズが小さくなったことを確認します。

Step 5 データラベルをクリックし、「ミセスマックス」のデータラベルをクリックして、「ミセスマックス」のデータラベルだけを選択します。

Step 6 「ミセスマックス」のデータラベルを移動します。

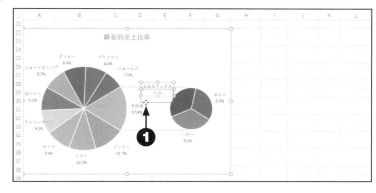

❶ データラベル「ミセスマックス」の枠線をポイントし、区分線に重ならないように、図を参考にドラッグします。

Step 7 「ミセスマックス」のデータラベルが移動したことを確認します。

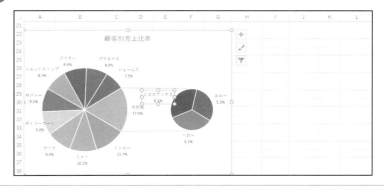

第 4 章 データのビジュアル化

Step 8 グラフ以外の場所をクリックしてグラフの選択を解除します。

> **ヒント　各要素の書式設定作業ウィンドウの表示方法**
> 各要素の書式設定作業ウィンドウは、次の方法でも表示することができます。
> ・各要素を右クリックし、ショートカットメニューの [○○の書式設定] をクリックします。
> ・[デザイン] タブの [グラフのレイアウト] の [グラフ要素を追加] ボタンをクリックし、各要素の [その他の○○オプション] をクリックします。

操作 軸のオプションを設定する

複合グラフの主軸の最小値と最大値を変更して、値の差が大きく見えるように設定しましょう。

Step 1 シート「顧客別比較」をアクティブにし、複合グラフの主軸をクリックします。

Step 2 [書式] タブの [選択対象の書式設定] ボタンをクリックして、[軸の書式設定] 作業ウィンドウを開きます。

Step 3 主軸の最小値と最大値を変更します。

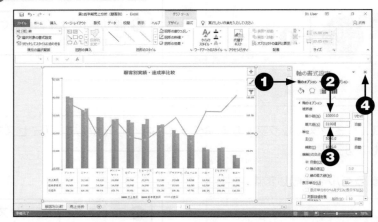

❶ [軸のオプション] が選択されていることを確認します。

❷ [最小値] ボックスに「10000」と入力します。

❸ [最大値] ボックスに「31000」と入力します。

❹ 閉じるボタンをクリックします。

> **ヒント**
> **軸の目盛間隔**
> 軸の [目盛間隔] が [自動] に設定されていると、軸の最小値や最大値などを変更したときに目盛間隔が自動的に変更されます。

> **ヒント**
> **軸の値を自動調整に戻すには**
> 軸の [最小値] / [最大値] ボックスの右側の [リセット] ボタンをクリックします。

Step 4 棒グラフの差が強調されたことを確認します。

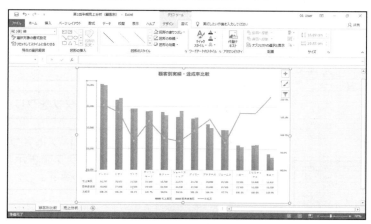

💡 ヒント　テンプレートとしてグラフを保存

ユーザーがさまざまな編集を加えたグラフを繰り返して使用する場合は、グラフをテンプレートとして保存すると、同じデザインのグラフを再利用できるようになります。

■ グラフをテンプレートとして保存

グラフをテンプレートとして保存する場合は、テンプレートにしたいグラフを選択してから、次の手順で操作します（ここでは補助円グラフ付き円グラフを例に説明しています）。

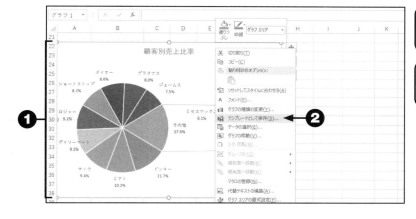

❶ テンプレートとして保存するグラフを右クリックします。

❷ [テンプレートとして保存]をクリックします。

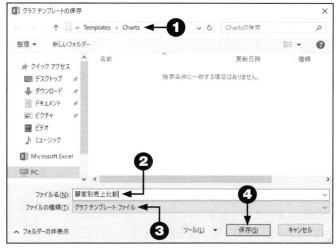

❶ [ファイルの場所]ボックスに「Templates Charts」と表示されていることを確認します。

❷ [ファイル名]ボックスに任意の名前を入力します。

❸ [ファイルの種類]ボックスに[グラフテンプレートファイル]と表示されていることを確認します。

❹ [保存]をクリックします。

■ グラフテンプレートの利用

登録したテンプレートを利用してグラフを作成する場合は、次の手順で操作します。

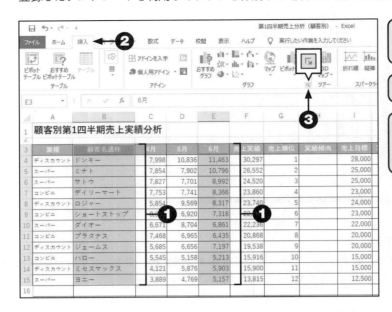

❶ グラフ化したいデータを範囲選択します。

❷ [挿入] タブをクリックします。

❸ [グラフ] グループ右下の [すべてのグラフを表示] ボタンをクリックします。

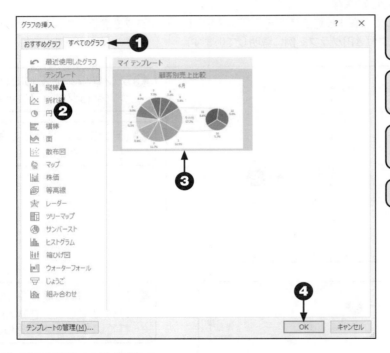

❶ [すべてのグラフ] タブをクリックします。

❷ [テンプレート] をクリックします。

❸ [マイテンプレート] で登録したテンプレートをクリックします。

❹ [OK] をクリックします。

■ 登録したグラフテンプレートの削除

登録したグラフテンプレートを削除するには、次の手順で操作します。

1. 任意のデータを範囲選択して [挿入] タブの [グラフ] グループ右下の [すべてのグラフを表示] ボタンをクリックし、[グラフの挿入] ダイアログボックスを開きます（グラフが選択された状態だと [グラフの種類の変更] ダイアログボックスが開きます）。
2. [すべてのグラフ] をクリックします。
3. [テンプレート] をクリックし、[テンプレートの管理] ボタンをクリックします。
4. 登録したテンプレートを選択し、Deleteキーを押します。
5. 閉じるボタンをクリックしてエクスプローラーのウィンドウを閉じます。
6. [キャンセル] をクリックして [グラフの挿入] ダイアログボックスを閉じます。

条件付き書式とスパークライン

「条件付き書式」は、色の濃淡(カラーグラデーション)や横棒、アイコンなどで数値の大きさをセル内に表現して、数値の傾向を視覚的に訴える機能です。
「スパークライン」は、セルの中に小さなグラフを表示し、数値の傾向を視覚的に表すことができる機能です。それぞれの機能を効果的に活用することで、数値データをわかりやすく表現することができます。

条件付き書式とスパークラインの用途や機能などについて確認しましょう。

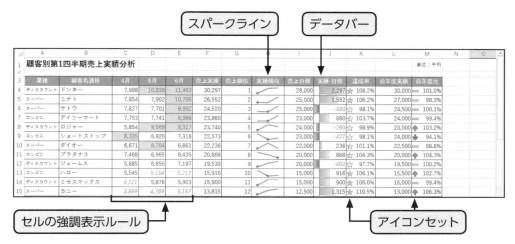

■ 条件付き書式

条件付き書式には、主に次の種類があります。

名称	機能
セルの強調表示ルール	・「指定の値より大きい」「指定の値と等しい」「指定の文字を含む」などの条件に従って、表示形式やフォントの色、塗りつぶしのパターンなどの特定の書式を設定することができます。
データバー	・セルの値の大小をバーの長さで表すことができ、上位の数値と下位の数値を探し出す場合などに有効です。 ・データバーの長さは、セルの値を示します。バーが長いほど値が大きいことを、バーが短いほど値が小さいことを示します。 ・負の値を表示することもできます。
アイコンセット	・データを3～5つのグループに分類して、データの傾向を分析できます。 ・各アイコンはある範囲の値を表します。

■ スパークライン

・スパークラインを表に挿入すると、範囲として指定したセルに含まれる値を、「ミニチャート」と呼ばれる小さなグラフにして、表の中のセルに埋め込むことができます。
・表を参照しながら、数値の傾向を視覚的に把握することができるようになります。

第4章 データのビジュアル化

セルの強調表示ルールの設定

条件付き書式を使うと、指定した条件を満たすセルに書式を設定することができます。表の中で強調したいデータがあるときに使用します。セルの強調表示ルールや、上位/下位ルールで条件を指定して、あらかじめExcelに組み込まれている書式を選択して条件付き書式を設定します。

操作 クイック分析を使ってセルの強調表示を設定する

シート「売上分析」のセルC4～E20に、セルの値が8,000（売上金額8,000千円）より大きい場合に、セルの強調表示ルールを使って、濃い緑の文字、緑の背景で表示する条件付き書式を設定しましょう。

Step 1 [クイック分析] ボタンから [指定の値より大きい] ダイアログボックスを開きます。

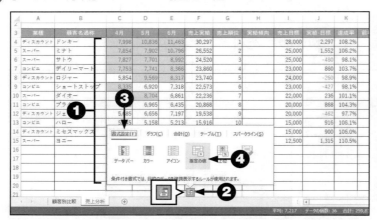

❶ シート「売上分析」をアクティブにし、セルC4～E20を範囲選択します。

❷ [クイック分析] ボタンをクリックします。

❸ [書式設定] をクリックします。

❹ [指定の値] をクリックします。

Step 2 条件と、条件を満たす場合の書式を設定します。

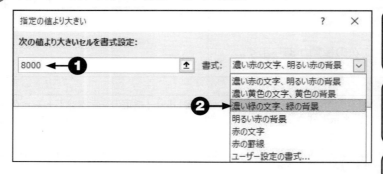

❶ [次の値より大きいセルを書式設定] ボックスに「8000」と入力します。

❷ [書式] ボックスの▼をクリックし、[濃い緑の文字、緑の背景] をクリックします。

❸ [OK] をクリックします。

Step 3 条件を満たしたセルに書式が設定されたことを確認します。

❶ 任意のセルをクリックして範囲選択を解除します。

❷ セルの値が8,000より大きいセルに、濃い緑の文字、緑の背景の書式が設定されていることを確認します。

ヒント その他の強調表示ルール

[ホーム]タブの[条件付き書式]ボタンをクリックすると、[指定の値より大きい]のほかにも、右の図のような条件を設定することができます。

ヒント 上位/下位ルールの条件付き書式

[ホーム]タブの[条件付き書式]ボタンでは、上位/下位ルールの条件付き書式を設定することができます。上位/下位ルールの条件付き書式は、数値データのランキングを表す場合などに使用すると効果的です。上位/下位ルールの条件は、次の種類があります。

ルールの基準	ルールの種類
上位	上位10項目、上位10%
下位	下位10項目、下位10%
平均	平均より上、平均より下

データバーとアイコンセットの設定

データバーを使うと、選択範囲内のセルの値の大小を、バーの長さで表すことができます。また、アイコンセットを使うと、データを3～5つのグループに分類して、データの傾向を分析することができます。

操作 データバーを設定する

セルJ4～J20に、数値の大小を緑のグラデーションで表すデータバーを設定しましょう。

Step 1 緑のグラデーションのデータバーを設定します。

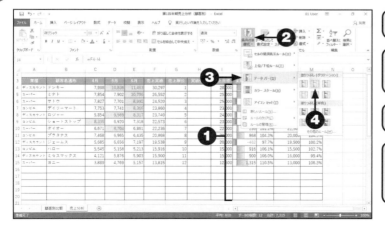

❶ セルJ4～J20を範囲選択します。

❷ [ホーム]タブの[条件付き書式]ボタンをクリックします。

❸ [データバー]をポイントします。

❹ [塗りつぶし(グラデーション)]の[緑のデータバー]をクリックします。

第4章 データのビジュアル化 **109**

Step 2 選択したセルに緑のデータバーが設定されたことを確認します。

❶ 任意のセルをクリックし、範囲選択を解除します。

❷ 正の値が緑のデータバーで表示されていることを確認します。

❸ 負の値が赤のデータバーで正の値と軸を挟んだ反対側に表示されていることを確認します。

操作 ☞ アイコンセットを設定する

達成率を表示するセルK4～K20に、3種類の星のアイコンセットを設定しましょう。また、前年度比を表示するセルM4～M20に、3つの矢印（色分け）のアイコンセットを設定しましょう。

Step 1 達成率のセルに3種類の星のアイコンセットを設定します。

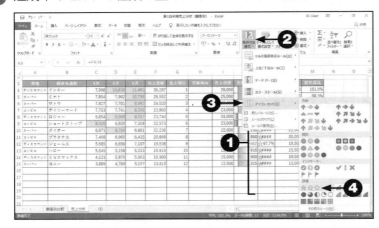

❶ セルK4～K20を範囲選択します。

❷ [条件付き書式] ボタンをクリックします。

❸ [アイコンセット] をポイントします。

❹ [評価] の [3種類の星] をクリックします。

Step 2 選択したセルに3種類の星のアイコンが表示されたことを確認します。

❶ 任意のセルをクリックして選択を解除します。

❷ K列の幅を自動調整します。

❸ 3種類の星のアイコンが表示されたことを確認します。

Step 3 前年度比のセルに3つの矢印（色分け）のアイコンセットを設定します。

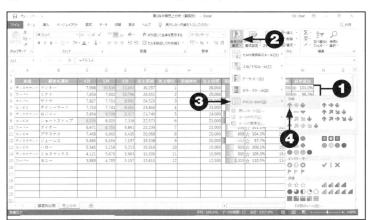

❶ セルM4〜M20を範囲選択します。

❷ [条件付き書式] ボタンをクリックします。

❸ [アイコンセット] をポイントします。

❹ [方向] の [3つの矢印（色分け）] をクリックします。

Step 4 選択したセルに3つの矢印のアイコンが表示されたことを確認します。

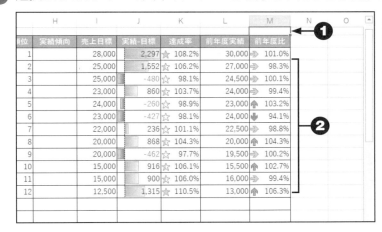

❶ 任意のセルをクリックして選択を解除します。

❷ 3つの矢印（色分け）のアイコンが表示されたことを確認します。

💡 ヒント　アイコンセットの選択

データの傾向を見たい場合には方向や評価のアイコン、警告や注意を表したい場合には図形やインジケーターのアイコンなど、データに適したアイコンを選択すると、より効果的にデータの傾向を表すことができます。

💡 ヒント　カラースケール

これまでに説明した条件付き書式のほかに、「カラースケール」があります。カラースケールを利用すると、データの分布や偏差を視覚的にわかりやすいように表現することができます。カラースケールには、2色のグラデーションを使って色の濃淡で値の大小を表す[2色スケール]と、3色のグラデーションで値の大、中、小を表す[3色スケール]があります。
この図では、4月〜6月の売上金額のセルに、緑、白、赤の3色のカラースケールを設定しています。

第 4 章　データのビジュアル化　111

条件付き書式のカスタマイズ

データバーやアイコンセットなどの条件付き書式などでは、条件があらかじめ設定されています。データをどのように見せたいかによって、条件や書式、アイコンに、使いやすいように手を加えてカスタマイズする必要があります。また、セルに独自の条件で独自の書式を設定することもできます。

操作☞ アイコンセットのルールを変更する

達成率のセルK4～K20に設定したアイコンセットのルールを変更し、100%未満は銀星（白い星のアイコン）、100%～105%は半金星（星半分のアイコン）、105%を超えたときは金星（黄色い星のアイコン）で表示するように、条件を変更しましょう。

Step 1 セルK10の値が、100%を超えていても銀星で表示されていることを確認します。

Step 2 [条件付き書式ルールの管理] ダイアログボックスを開きます。

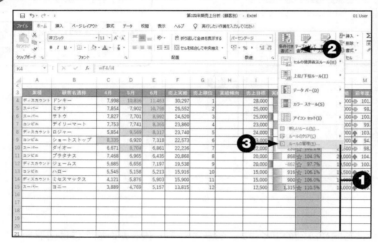

❶ セルK4～K20を範囲選択します。

❷ [ホーム] タブの[条件付き書式] ボタンをクリックします。

❸ [ルールの管理] をクリックします。

Step 3 [書式ルールの編集] ダイアログボックスを開きます。

❶ [ルールの編集] ボタンをクリックします。

Step 4 1番目のアイコンのしきい値を変更します。

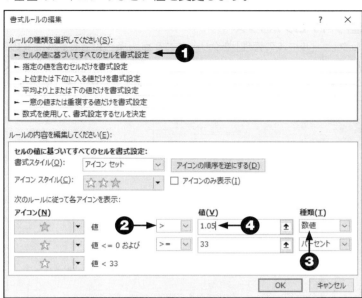

❶ [セルの値に基づいてすべてのセルを書式設定] が選択されていることを確認します。

❷ [次のルールに従って各アイコンを表示] の1番目のアイコンの [>=] の▼をクリックし[>] をクリックします。

❸ [種類] ボックスの▼をクリックし[数値] をクリックします。

❹ [値] ボックスに「1.05」と入力します。

Step 5 2番目のアイコンのしきい値を変更します。

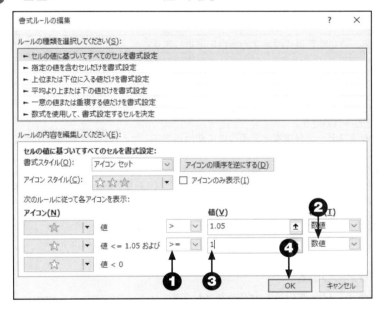

❶ [次のルールに従って各アイコンを表示] の2番目のアイコンが [>=] になっていることを確認します。

❷ [種類] ボックスの▼をクリックし[数値] をクリックします。

❸ [値] ボックスに「1」と入力します。

❹ [OK] をクリックします。

Step 6 [OK] をクリックして [条件付き書式ルールの管理] ダイアログボックスを閉じます。

Step 7 変更後の条件でアイコンが表示されていることを確認します。

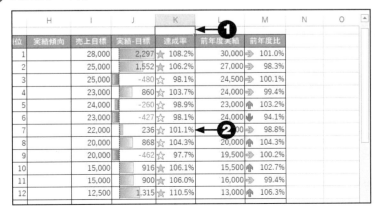

❶ 任意のセルをクリックして範囲選択を解除します。

❷ セルK10が半金星のアイコンになったことを確認します。

第4章 データのビジュアル化 113

ヒント [条件付き書式ルールの管理]ダイアログボックス

[条件付き書式]ボタンをクリックし、[ルールの管理]をクリックすると、[条件付き書式ルールの管理]ダイアログボックスが開きます。[条件付き書式ルールの管理]ダイアログボックスでは、条件付き書式として設定した書式を確認できます。また、▲ボタンや▼ボタンをクリックして、ルールを適用する順序を入れ替えることもできます。

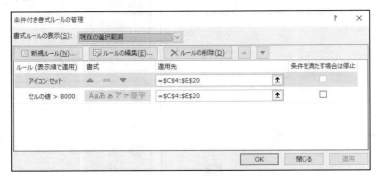

ヒント 条件の種類

条件付き書式の条件の種類と用途は次のとおりです。

種類	用途
数値	・数値、日付値、時刻値を書式設定する場合に選択します。
パーセント	・設定したセル範囲のパーセンテージに応じて書式設定する場合に選択します。 ・有効な値は0～100です。パーセント記号（％）は入力しません。 ・値の分布が比例的になるため、すべての値を比例的に視覚化する場合に使用します。
百分位	・設定したセル範囲の百分位に応じて書式設定する場合に選択します。 ・有効な値は、0～100です。 ・上位と下位の値のデータを視覚化するときに使用します。たとえば百分位で上位5位や百分位で下位5位などを指定します。
数式	・数式の結果を書式設定する場合に選択します。 ・[数式]を選択し、[値]ボックスに数式の先頭に等号（＝）で始まる数式を入力します。 ・数式は、数値、日付値、または時刻値を返す必要があります。 ・数式が無効な場合は、書式が適用されません。

ヒント ルールの削除とルールのクリアについて

条件付き書式のルールを解除するには、次の2つの方法があります。
1. [条件付き書式ルールの管理]ダイアログボックスの[ルールの削除]ボタン
   設定した条件付き書式のルールを個別に解除することができます。
2. [条件付き書式]ボタンの[ルールのクリア]
   条件付き書式のルールをまとめて解除することができます。選択したセル範囲から複数の条件付き書式のルールをまとめて解除したり、シート全体に適用した条件付き書式のルールをまとめて解除したりすることができます。

操作 アイコンを変更する

データに合わせてより適したアイコンで表示するように、アイコンの種類を個別に変更します。前年度比のセルM4～M20のアイコンの、黄色い横向き矢印を黄色のダッシュ記号に変更しましょう。

Step 1 セルM4～M20を範囲選択します。

Step 2 [条件付き書式] ボタンをクリックし、[ルールの管理] をクリックして [条件付き書式ルールの管理] ダイアログボックスを開きます。

Step 3 [条件付き書式ルールの管理] ダイアログボックスの [ルールの編集] ボタンをクリックして、[書式ルールの編集] ダイアログボックスを開きます。

Step 4 2番目のアイコンを変更します。

❶ 2番目のアイコンの▼をクリックします。

❷ [黄色のダッシュ記号] をクリックします。

❸ [OK] をクリックします。

💡 **ヒント**
[アイコンのみ表示] チェックボックス
[アイコンのみ表示] チェックボックスをオンにすると、条件付き書式を設定したセルの数値を非表示にして、アイコンだけ表示することができます。

Step 5 [OK] をクリックして [条件付き書式ルールの管理] ダイアログボックスを閉じます。

Step 6 2番目のアイコンが変わったことを確認します。

❶ 任意のセルをクリックして選択を解除します。

❷ 2番目のアイコンが変わっていることを確認します。

操作 ☞ 独自の条件と書式を設定する

セルC4～E20に、セルの値が5,500 (売上金額5,500千円) 以下の場合に、赤字の斜体で表示する独自の条件付き書式を設定しましょう。

Step 1 セルC4～E20を範囲選択します。

Step 2 [条件付き書式] ボタンをクリックし、[新しいルール] をクリックして [新しい書式ルール] ダイアログボックスを開きます。

第4章 データのビジュアル化 | 115

Step 3 独自の条件を設定します。

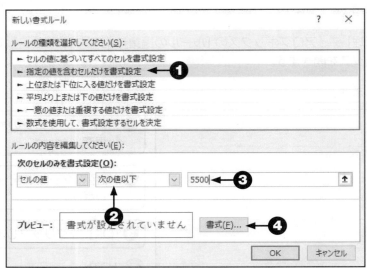

❶ [ルールの種類を選択してください] ボックスで[指定の値を含むセルだけを書式設定] をクリックします。

❷ [次のセルのみを書式設定] の [次の値の間] ボックスの▼をクリックし、[次の値以下] をクリックします。

❸ 「5500」と入力します。

❹ [書式] ボタンをクリックします。

Step 4 文字のスタイルを指定します。

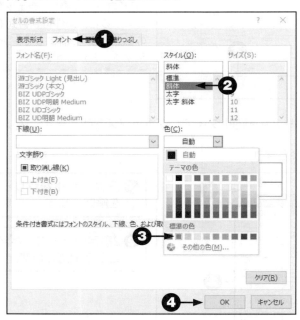

❶ [フォント] タブが選択されていることを確認します。

❷ [スタイル] の[斜体] をクリックします。

❸ [色] ボックスの▼をクリックし、[標準の色] の[赤] をクリックします。

❹ [OK] をクリックします。

💡 **ヒント**
セルの塗りつぶしを設定するには
[塗りつぶし] タブでセルの塗りつぶしの色を選択し、設定します。

Step 5 [OK] をクリックして [新しい書式ルール] ダイアログボックスを閉じます。

Step 6 独自の条件付き書式が設定されていることを確認します。

	A	B	C	D	E	F	G
3	業種	顧客名通称	4月	5月	6月	売上実績	売上順位
4	ディスカウント	ドンキー	7,998	10,836	11,463	30,297	1
5	スーパー	ミナト	7,854	7,902	10,796	26,552	2
6	スーパー	サトウ	7,827	7,701	8,992	24,520	3
7	コンビニ	デイリーマート	7,753	7,741	8,366	23,860	4
8	ディスカウント	ロジャー	5,854	9,569	8,317	23,740	5
9	コンビニ	ショートストップ	8,335	6,920	7,318	22,573	6
10	スーパー	ダイオー	6,671	8,704	6,861	22,236	7
11	コンビニ	プラタナス	7,468	6,965	6,435	20,868	8
12	ディスカウント	ジェームス	5,685	6,656	7,197	19,538	9
13	コンビニ	ハロー	5,545	*5,158*	*5,213*	15,916	10
14	ディスカウント	ミセスマックス	*4,121*	5,876	5,903		11
15	スーパー	ヨニー	*3,889*	*4,769*	*5,157*	13,815	12

❶ 任意のセルをクリックして選択を解除します。

❷ セルの値が5,500以下の場合に指定した条件付き書式が適用されていることを確認します。

スパークライン

セルにスパークラインを挿入すると、傾向を把握できるようなグラフ（ミニチャート）をセルに表示することができます。四半期の売上実績など、変動する値の傾向をミニチャートとして挿入すると、表を参照しながら数値の傾向を視覚的に把握することができます。

操作☞ スパークラインを挿入する

セルH4～H20に、第1四半期の売上実績の変動を表す、スパークラインを挿入しましょう。

Step 1 [スパークラインの作成] ダイアログボックスを開きます。

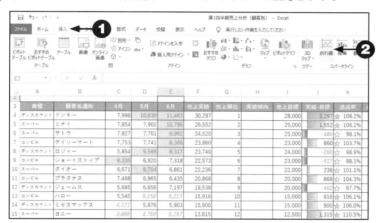

❶ [挿入] タブをクリックします。

❷ [スパークライン] グループの [折れ線] ボタンをクリックします。

Step 2 スパークラインを配置する範囲を指定します。

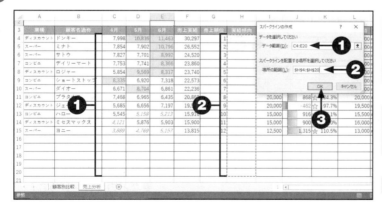

❶ [データ範囲] ボックスにカーソルが表示されていることを確認し、セルC4～E20をドラッグします。

❷ [場所の範囲] ボックスをクリックし、セルH4～H20をドラッグします。

❸ [OK] をクリックします。

Step 3 セルの中にスパークラインが挿入されたことを確認します。

❶ 任意のセルをクリックして選択を解除します。

❷ セルにスパークラインが挿入されていることを確認します。

第4章 データのビジュアル化 | 117

ヒント スパークラインの削除

スパークラインが不要になった場合は、削除することができます。スパークラインを削除するには、次の手順で操作します。

1. スパークラインを挿入したセルを選択し、[デザイン] タブをクリックします。
2. [クリア] ボタンの▼をクリックします。
3. [選択したスパークラインのクリア] をクリックすると、選択したセル内のスパークラインだけが削除されます。[選択したスパークライングループのクリア] をクリックすると、他のセルに挿入されているスパークラインもまとめて削除することができます。

操作 スパークラインを編集する

挿入したスパークラインのスタイルを変更し、最小値を示すマーカーを表示しましょう。また、スパークラインの太さを変更しましょう。

Step 1 セルH4～H20を範囲選択します。

Step 2 スパークラインのスタイルを変更します。

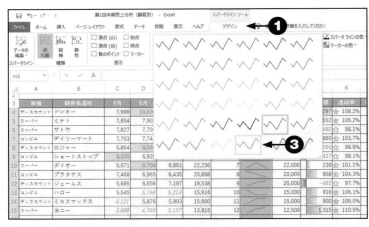

❶ [デザイン] タブをクリックします。

❷ [スタイル] グループの [その他] ボタンをクリックします。

❸ [濃い緑, スパークラインスタイル カラフル#4] をクリックします。

ヒント スパークラインの選択

既定ではスパークラインはグループ化されているため、スパークラインを設定しているセルを1つ指定するだけでスタイルの変更などの操作を行うことができます。

Step 3 スパークラインにデータの最低点を表示します。

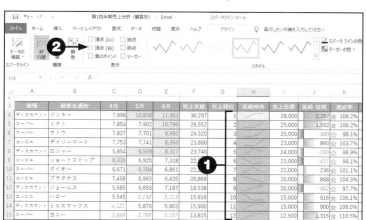

① スパークラインのスタイルが変わったことを確認します。

② [頂点(谷)] チェックボックスをオンにします。

Step 4 スパークラインの太さを変更します。

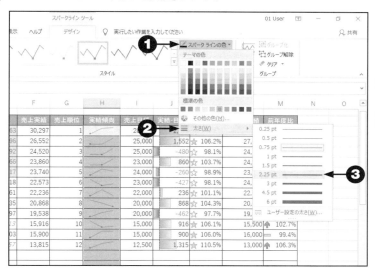

① [スパークラインの色] ボタンをクリックします。

② [太さ] をポイントします。

③ [2.25pt] をクリックします。

Step 5 範囲選択を解除して、スパークラインにデータの最低点が表示され、色と太さが変わったことを確認します。

第4章 データのビジュアル化

ヒント [デザイン] タブでできる設定

[デザイン] タブでは、スパークラインのさまざまな設定ができます（ここでは折れ線のスパークラインを例にしています）。

■ [データの編集] ボタン

[データの編集] ボタンでは、スパークラインの基データの編集などを行うことができます。

・[グループの位置とデータの編集] をクリックすると、[スパークラインの編集] ダイアログボックスが開き、基になるデータの範囲やスパークラインを作成する場所を変更することができます。

・[単一スパークラインのデータを編集] をクリックすると、[スパークラインデータの編集] ダイアログボックスが開き、1つのスパークラインの基になるデータの範囲を変更することができます。

・[非表示および空白セルの設定] をクリックすると、[非表示および空白セルの設定] ダイアログボックスが開き、空白セルの表示方法などを設定することができます。

■ [種類] グループ

[種類] グループでは、スパークラインの種類を設定することができます。

■ [表示] グループ

[表示] グループでは、スパークラインに表示する、マーカー（値）を選択できます。

・[マーカー] チェックボックスをオンにすると、すべてのマーカーを強調表示します。

・[負のポイント] チェックボックスをオンにすると、負の値を強調表示します。

・[頂点（山）] チェックボックスをオンにすると最大値を、[頂点（谷）] チェックボックスをオンにすると最小値を強調表示します。

・[始点] チェックボックスをオンにすると最初の値を、[終点] チェックボックスをオンにすると最後の値を強調表示します。

■ [グループ] グループ

[グループ] グループでは、スパークラインの軸の設定やスパークラインのクリアなどを行うことができます。

・[軸] ボタンでは、スパークラインの縦軸や横軸の設定を行うことができます。

・[グループ化] ボタンおよび [グループ解除] ボタンは、スパークライン全体をグループ化したり、個別に解除したりするときに使用します。

グラフィックの活用

Excelで扱う主なグラフィック機能として、SmartArtグラフィックと図形があります。SmartArtグラフィックは、箇条書きなどの文字情報を視覚的な図表として表現するときなどに使用します。あらかじめ用意されているレイアウトから選択するだけで、高品質な図を作成できます。作成する図の内容や目的に応じてレイアウトを選択する必要があります。

■ SmartArtグラフィックの種類と目的

SmartArtグラフィックには、さまざまなレイアウトが用意されています。グラフィックの種類と目的、および代表的な例を紹介します。

種類	目的
リスト	連続性のない情報を表示します。
手順	プロセスまたはタイムラインのステップを表示します。
循環	連続的なプロセスを表示します。
階層構造	意思決定ツリーを表示します。
	組織図を作成します。
集合関係	関係を図解します。
マトリックス	全体に対する各部分の関係を表示します。
ピラミッド	最上部または最下部に最大の要素がある比例関係を示します。
図	図を目立つように使用することで内容を伝えたり強調したりします。

リスト

売上実績の傾向
・ディスカウントは好調だが、コンビニは低迷
・スーパーはおおむね堅調に推移

売上達成率の傾向
・老舗の落ち込み（サトウ、ジェームス）が目立つため、テコ入れが必要
・ヨニーは、売上達成率ベースでは好調

手順

ご注文
・商品ページのボタンをクリックするだけでご注文できます
・カタログからのご注文もお受けします

お届け
・ご注文をいただいてから1週間前後でお届けします
・遠隔地、離島の場合はさらに数日お時間をいただく場合がございます

お支払
・商品同封の専用振込用紙でお振込みください
・クレジットカードでのお支払いもできます

循環

PLAN / DO / CHECK / ACT / PDCAサイクル

階層構造
（組織図）

流通営業部 — 営業総務室 — 流通1課 / 流通2課 / 流通3課

第4章 データのビジュアル化　121

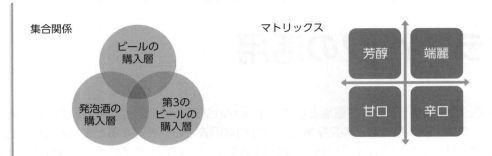

■ 図形の挿入

ワークシートやグラフに図形を挿入すると、データを強調することができます。特に目立たせたい値を、図形を使って強調すると効果的です。

SmartArtグラフィック

SmartArtグラフィックを使うと、箇条書きなどの文字情報を視覚的な図表として表示し、資料の内容を効果的に伝えることができるようになります。

> SmartArtグラフィックを作成する手順は、次のとおりです。
> 1. 目的に合ったSmartArtグラフィックを選択します。
> 2. 文字(テキスト)を入力します。
> 3. 適切なサイズに変更し、位置を移動します。
> 4. 必要に応じてスタイルや書式を設定します。

操作 SmartArtグラフィックを挿入する

補助円グラフ付き円グラフの右側にSmartArtグラフィックを挿入し、表やグラフで分析して得られた結果を図にまとめましょう。

Step 1 補助円グラフ付き円グラフを表示します。

Step 2 [SmartArtグラフィックの選択] ダイアログボックスを開きます。

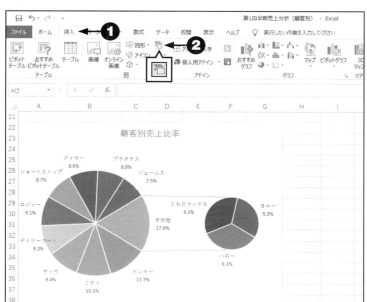

❶ [挿入] タブをクリックします。

❷ [SmartArtグラフィックの挿入] ボタンをクリックします。

Step 3 作成するSmartArtグラフィックを選択します。

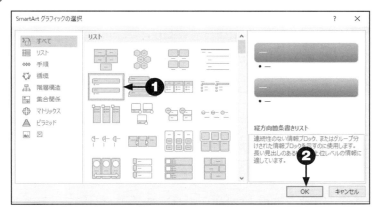

❶ [縦方向箇条書きリスト] をクリックします。

❷ [OK] をクリックします。

Step 4 SmartArtグラフィックにテキストを入力します。

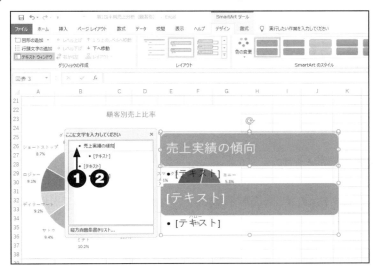

❶ [テキストウィンドウ] の上から1番目の [テキスト] にカーソルが表示されていることを確認します。

❷ 「売上実績の傾向」と入力します。

💡 ヒント
[テキストウィンドウ] が表示されない場合
[デザイン] タブの [テキストウィンドウ] ボタンをクリックします。

第 4 章　データのビジュアル化　**123**

Step 5 箇条書きのテキストを入力します。

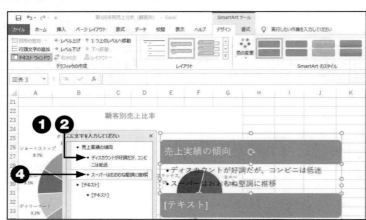

❶ 上から2番目の[テキスト]をクリックします。

❷「ディスカウントが好調だが、コンビニは低迷」と入力します。

❸ Enterキーを押して改行します。

❹「スーパーはおおむね堅調に推移」と入力します。

Step 6 図と表を参考に上から3番目と4番目の[テキスト]に文字を入力します。

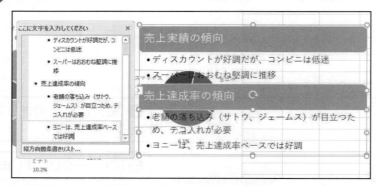

場所	文字
上から3番目	売上達成率の傾向
上から4番目	老舗の落ち込み（サトウ、ジェームス）が目立つため、テコ入れが必要 ヨニーは、売上達成率ベースでは好調

Step 7 [デザイン]タブの [テキスト ウィンドウ] [テキストウィンドウ]ボタンをクリックして、[テキストウィンドウ]を閉じます。

💡 **ヒント** **SmartArtグラフィックの文字入力のキー操作**

SmartArtグラフィック内で文字を入力する場合のキー操作は次のとおりです。

・**Enter**キーを押すと、同じレベルの項目を追加することができます。

・↓キーまたは↑キーを押すと、入力後の項目の行を移動することができます。

・**Tab**キーを押すと、項目のレベルを下げることができます。

💡 **ヒント** **SmartArtグラフィックの図形の追加と削除**

■ 図形の追加

SmartArtグラフィックの項目を増やすためなどに図形を追加したい場合は、次の手順で操作します。

1. SmartArtグラフィック内の図形をクリックして選択します。
2. [デザイン]タブをクリックします。

グラフィックの活用

3. [図形の追加] ボタンの▼をクリックし、次のいずれかの操作を行います。
 ・選択した図形の後に図形を挿入するには、[後に図形を追加] をクリックします。
 ・選択した図形の前に図形を挿入するには、[前に図形を追加] をクリックします。

■ 図形の削除
SmartArtグラフィックの図形を削除するには、削除する図形を選択し、**Delete**キーを押します。

操作 👉 SmartArtグラフィックのサイズと位置を変更する

SmartArtグラフィックを補助円グラフ付き円グラフの右側に移動し、補助円グラフ付き円グラフと同じ高さに広げましょう。

Step 1 SmartArtグラフィックを移動します。

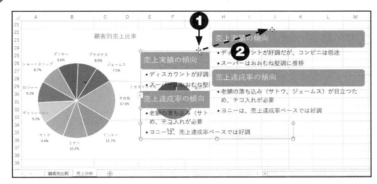

❶ SmartArtグラフィックをポイントし、マウスポインターの形が になっていることを確認します。

❷ 左上隅がセルH22になるようにドラッグします。

Step 2 SmartArtグラフィックの高さを広げます。

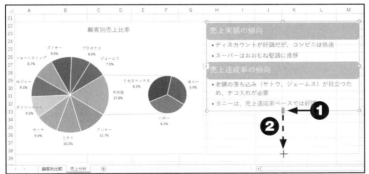

❶ SmartArtグラフィックの下中央のサイズ変更ハンドルをポイントし、マウスポインターの形が になっていることを確認します。

❷ 補助円グラフ付き円グラフと同じ高さになるまでドラッグします。

Step 3 SmartArtグラフィックが移動し、高さが広がったことを確認します。

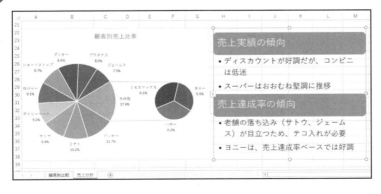

操作 ☞ SmartArtグラフィックの色を変更する

SmartArtグラフィックの色を [カラフル - 全アクセント] に変更しましょう。

Step 1 SmartArtグラフィックの色を変更します。

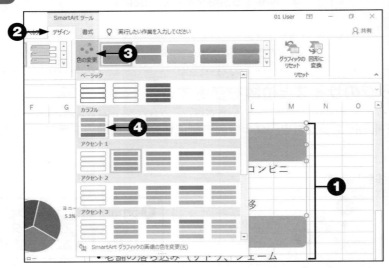

❶ SmartArtグラフィックが選択されていることを確認します。

❷ [デザイン] タブが選択されていることを確認します。

❸ [色の変更] ボタンをクリックします。

❹ [カラフル - 全アクセント] をクリックします。

Step 2 SmartArtグラフィックの色が変わったことを確認します。

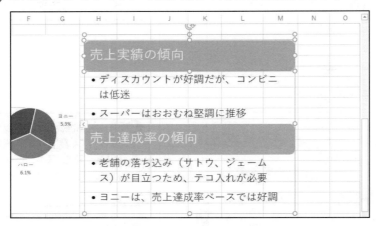

Step 3 任意のセルをクリックして、SmartArtグラフィックの選択を解除します。

💡 ヒント SmartArtグラフィックの文字や図形の書式設定

SmartArtグラフィックの文字や図形に書式を設定するには、対象となる文字や図形を選択し、[書式] タブにある各種ボタンを使用します。

グラフィックの活用

図形の挿入

グラフの中で注目して欲しいデータを強調するときは図形をグラフに挿入します。グラフに図形を挿入するには、グラフを選択した状態で操作する必要があります。

操作 複合グラフに図形を挿入する

複合グラフに吹き出しの図形を挿入し、「ドンキー」のデータを強調しましょう。

Step 1 シート「顧客別比較」をアクティブにします。

Step 2 作成する図形の種類を選択します。

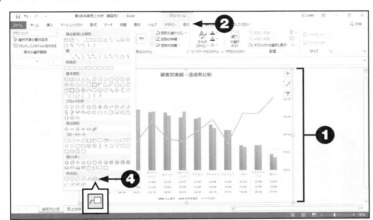

❶ グラフエリアをクリックします。

❷ [書式] タブをクリックします。

❸ [図形の挿入] の [その他] ボタンをクリックします。

❹ [吹き出し] の [吹き出し: 折線] をクリックします。

Step 3 吹き出しを作成し、コメントを入力します。

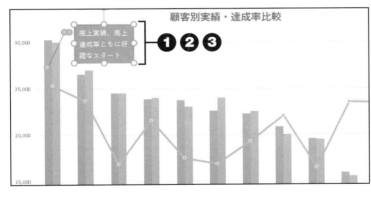

❶ マウスポインターの形が＋になっていることを確認し、30,000の上あたりから図を参考に右下にドラッグします。

❷ 吹き出しがグラフ上に追加されます。

❸ 「売上実績、売上達成率ともに好調なスタート」と入力します。

Step 4 吹き出しのサイズを調節します。

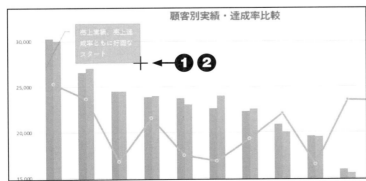

❶ 吹き出しの右下のサイズ変更ハンドルをポイントし、マウスポインターの形が になっていることを確認します。

❷ 図を参考にドラッグしてサイズを調節します。

第 4 章 データのビジュアル化

Step 5 吹き出しのスタイルを変更します。

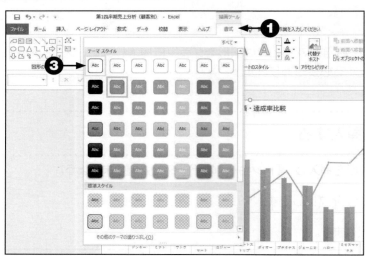

❶ [書式] タブが選択されていることを確認します。

❷ [図形のスタイル] の [その他] ボタンをクリックします。

❸ [枠線のみ － 黒、濃色1] をクリックします。

Step 6 吹き出し以外の場所をクリックして選択を解除し、吹き出しにスタイルが設定されたことを確認します。

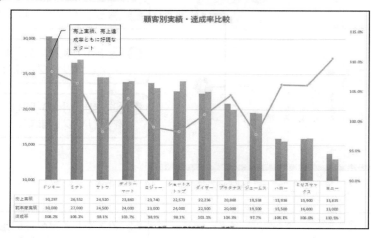

💡 ヒント
吹き出し線の向きの修正
吹き出しの線の向きや長さを修正したい場合は、吹き出しの線に表示される黄色い円をドラッグします。

Step 7 ブックを [保存用] フォルダーに保存して閉じます。

💡 ヒント　**グラフへの図形の挿入**
グラフに図形を挿入する場合は、必ずグラフを選択してから操作します。グラフを選択しないで図形を挿入すると、グラフと一緒に移動することができないので注意してください。

💡 ヒント　**ワークシートへの図形の挿入**
図形はグラフだけでなくワークシートにも挿入することができます。ワークシートに図形を挿入するには、次の手順で操作します。
1. 図形を挿入するワークシート上のセルを選択します。
2. [挿入] タブをクリックし、[図形] ボタンをクリックして、一覧から任意の図形をクリックします。
3. ワークシート上をドラッグして図形を挿入します。

128　グラフィックの活用

この章の確認

- □ 補助円グラフ付き円グラフを作成することができますか？
- □ グラフにデータ系列を追加することができますか？
- □ グラフの種類を変更することができますか？
- □ 数値軸を第2軸に変更することができますか？
- □ グラフにデータラベルを表示することができますか？
- □ グラフにデータテーブルを表示することができますか？
- □ グラフのオプションを設定することができますか？
- □ セルの強調表示ルールを設定することができますか？
- □ データバーを設定することができますか？
- □ アイコンセットを設定することができますか？
- □ 条件付き書式のルールを変更することができますか？
- □ 独自の条件と書式の条件付き書式を設定することができますか？
- □ スパークラインを挿入し、編集することができますか？
- □ SmartArtグラフィックを挿入し、編集することができますか？
- □ グラフに図形を挿入し、編集することができますか？

復習問題 問題 4-1

売上実績の内訳の補助円グラフ付き円グラフを作成し、編集しましょう。また、売上実績、前年度実績、達成率を1つのグラフに表示する複合グラフを作成して編集しましょう。

1. [復習問題]フォルダーのブック「復習4　顧客別売上分析」を開きましょう。

2. シート「売上実績集計」の列「売上実績」を基準にデータを降順で並べ替えましょう。

3. セルB3～B15とセルF3～F15を基にして補助円グラフ付き円グラフを作成しましょう。また、グラフを作成後、次の編集を行いましょう。
   - グラフの左上隅がセルA22になるように、グラフを表の下に移動
   - グラフの右下隅がセルG38になるように、グラフのサイズを変更
   - グラフのレイアウト：レイアウト5
   - グラフのタイトル：売上構成比

4. セルB3～B15とセルF3～F15を基にして集合縦棒グラフを作成しましょう。また、グラフを作成後、次の編集を行いましょう。
   - グラフの左上隅がセルH22になるように、グラフを表の下に移動
   - グラフの右下隅がセルM38になるように、グラフのサイズを変更

5. 集合縦棒グラフの下に凡例を表示しましょう。

6. 作成した集合縦棒グラフに、「前年度実績」と「達成率」のデータ系列を追加しましょう。

7. 集合縦棒グラフの種類を組み合わせグラフに変更し、「達成率」が折れ線グラフで表示されるように、次の編集を行いましょう。
    ・組み合わせグラフの種類：集合縦棒 - 折れ線
    ・折れ線グラフの種類：マーカー付き折れ線
    ・折れ線グラフの数値軸：第2軸

8. 複合グラフに、次の編集を行いましょう。
    ・グラフタイトル：グラフの上に追加し、「顧客別売上実績・達成率比較」
    ・グラフのスタイル：スタイル2

9. 補助円グラフ付き円グラフに、次の編集を行いましょう。
    ・データラベル：パーセンテージのラベルを追加し、小数点以下第1位を表示
    ・データラベルの位置：外部
    ・補助円の要素数：3
    ・補助円のサイズ：50％
    ・図を参考に、ミセスマックスのラベルを移動

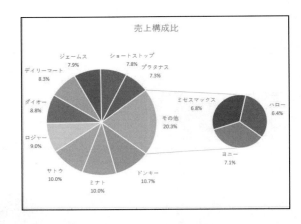

10. 複合グラフに、次の編集を行いましょう。
    ・データテーブル：凡例マーカーなし
    ・グラフシートに移動
    ・グラフシート名：売上実績比較
    ・主軸の最小値：15,000
    ・主軸の最大値：32,000

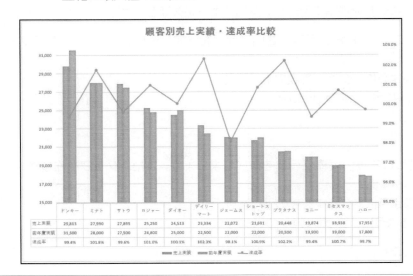

問題 4-2

条件付き書式を設定して表のデータをビジュアル化し、スパークラインを挿入してデータの傾向をわかりやすく表示しましょう。

1. シート「売上実績集計」のセルC4～E20に、セルの強調表示ルールを使って、セルの値が7,000（売上金額7,000千円）より小さい場合に、赤の文字で表示する条件付き書式を設定しましょう。

2. セルJ4～J20に、数値の大小を水色のグラデーションで表す、データバーを設定しましょう。

3. 達成率を表示するセルK4～K20に、［方向］の［3種類の三角形］のアイコンセットを設定し、列の幅を調整しましょう。また、前年度比を表示するセルM4～M20に［インジケーター］の［3つの記号（丸囲みなし）］のアイコンセットを設定しましょう。

4. セルK4～K20に設定したアイコンセットのルールを変更し、達成率が100％未満は赤の下向き三角形、100％～102％は黄色のダッシュ記号、102％を超えたときは緑の上向き三角形で表示するように、条件を変更しましょう。

5. セルM4～M20のアイコンを、緑のチェックマークを緑の丸で表示するように変更しましょう。

6. セルC4～E20に、セルの値が8,000（売上金額8,000千円）より大きい場合に、太字、セルの塗りつぶしを薄い青で表示する独自の条件付き書式を設定しましょう。

7. セルH4～H20に、第1四半期の売上実績（セルC4～E20）の変動を表す、折れ線のスパークラインを挿入しましょう。

8. 挿入したスパークラインを次のように編集しましょう。
   ・スタイル：濃い青，スパークラインスタイル濃色#6
   ・表示：頂点（谷）
   ・太さ：2.25pt

問題 4-3

SmartArtグラフィックを挿入して、表やグラフで分析して得られた結果を図にまとめましょう。また、グラフに補足的な説明をするために、複合グラフに図形を挿入しましょう。

1. SmartArtグラフィック「線区切りリスト」を挿入しましょう。

2. 図を参考に、SmartArtグラフィックに文字を入力しましょう。

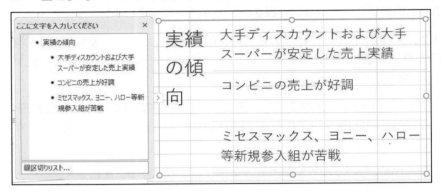

3. SmartArtグラフィックを補助円グラフ付き円グラフの右側に移動し、補助円グラフ付き円グラフと同じ高さに広げましょう。また、表の右端とSmartArtグラフィックの右端が揃うように、幅を少し広げましょう。

4. SmartArtグラフィックの色を［グラデーション - アクセント1］に変更しましょう。

5. 図を参考に、シート「売上実績比較」の複合グラフのデイリーマートの折れ線の上に、角を丸めた四角形吹き出しの図形を挿入し、サイズや位置を調整して次のように編集しましょう。
    ・文字を入力：今後の成長に期待
    ・図形のスタイル：枠線のみ - 青、アクセント5

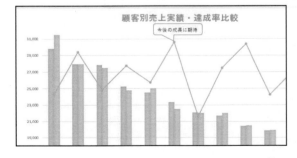

6. ブックを［保存用］フォルダーに保存して閉じましょう。

データ分析の準備とデータベース機能

■ データベースの整形とデータベース機能
■ データベースの整形
■ データベース機能の活用

データベースの整形と
データベース機能

データベース機能を使ってデータ分析を行います。新規にデータベースを作成する場合は、データ分析に必要なフィールド（項目）を検討して作成します。また、既存のデータを使用する場合は、必要なフィールドを追加するなど、データベースを整形して使用します。

データベースの整形がなぜ必要なのか、またExcelのデータベース機能でどのようなことができるのかを確認しましょう。

■ データベースの整形の必要性
データベース機能を使用してデータの分析を行うためには、分析で使用するフィールドがデータベースに存在している必要があります。分析で使用するフィールドがデータベースに含まれていない場合は、そのフィールドをデータベースに追加することを検討します。

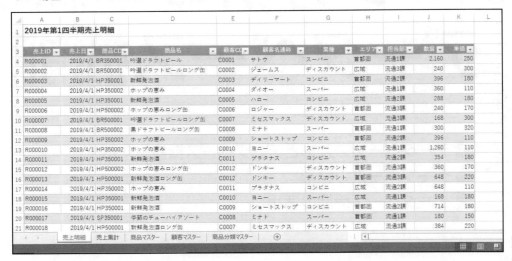

上の図は、Excelのテーブルです。
データ分析に使用したいフィールドがすべて含まれているわけではないため、データ分析に使うには、十分な状態ではありません。
Excelで新規にデータベースを作成する場合も、既存のデータを活用してデータベースを作成する場合も、どのようなフィールドがあればデータ分析に活用できるかを考えてデータベースを形成します。

■ データベース機能
データベース機能について復習しましょう。

・データベースとして扱える形式
原則として、先頭行が見出しで2行目以降がデータという形式のデータに対して、データベース機能を使用することができます。

・データベース機能で使われる用語
データベース用語では、列を「フィールド」、行を「レコード」といいます。また、各列の見出し(列見出し)を「フィールド名」といいます。

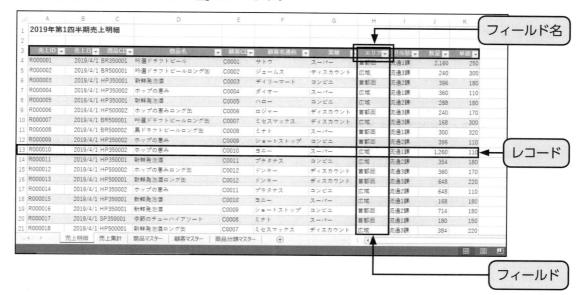

・データベース範囲の自動認識
データベース機能の操作をする場合、データベース内の1つのセルをクリックするだけで、データベース範囲が自動的に認識されます。データベースの操作を行う前に、必ずデータベース内の任意のセルをアクティブにします。

データベースの整形

既にデータベースとして作成されたデータがある場合は、これを再利用することができます。再利用するデータベースに、データ分析に使用したいフィールドが含まれていない場合には、必要なフィールドをデータベースに追加します。関数やフラッシュフィルを利用することで、新たなフィールドを簡単に追加することができます。

データベースとして作成されたテーブルの中に分析に必要なフィールドがない場合、VLOOKUP関数や計算式を使うと、効率的にデータを追加することができます。また、フラッシュフィルや文字列操作関数を使ってデータ分析に必要なフィールドを作成することもできます。

■ フィールドを追加する前のテーブル

フィールドを追加する前のテーブルは次のとおりです。たとえば、担当営業のフィールドがないため担当営業別の分析をすることができません。

	A	B	C	D	E	F	G	H	I	J	K
1	2019年第1四半期売上明細										
2											
3	売上ID	売上日	商品CD	商品名	顧客CD	顧客名通称	業種	エリア	担当部	数量	単価
4	R000001	2019/4/1	BR350001	吟選ドラフトビール	C0001	サトウ	スーパー	首都圏	流通1課	2,160	250
5	R000002	2019/4/1	BR500001	吟選ドラフトビールロング缶	C0002	ジェームス	ディスカウント	広域	流通3課	240	300
6	R000003	2019/4/1	HP350001	新鮮発泡酒	C0003	デイリーマート	コンビニ	首都圏	流通2課	396	180
7	R000004	2019/4/1	HP350002	ホップの恵み	C0004	ダイオー	スーパー	広域	流通1課	360	110
8	R000005	2019/4/1	HP350001	新鮮発泡酒	C0005	ハロー	コンビニ	広域	流通2課	288	180
9	R000006	2019/4/1	HP500002	ホップの恵みロング缶	C0006	ロジャー	ディスカウント	首都圏	流通3課	240	170
10	R000007	2019/4/1	BR500001	吟選ドラフトビールロング缶	C0007	ミセスマックス	ディスカウント	広域	流通3課	168	300
11	R000008	2019/4/1	BR500002	黒ドラフトビールロング缶	C0008	ミナト	スーパー	首都圏	流通1課	300	320
12	R000009	2019/4/1	HP350002	ホップの恵み	C0009	ショートストップ	コンビニ	首都圏	流通2課	396	110
13	R000010	2019/4/1	HP350002	ホップの恵み	C0010	ヨニー	スーパー	広域	流通1課	1,260	110
14	R000011	2019/4/1	HP350001	新鮮発泡酒	C0011	プラタナス	コンビニ	広域	流通2課	354	180
15	R000012	2019/4/1	HP500002	ホップの恵みロング缶	C0012	ドンキー	ディスカウント	首都圏	流通3課	360	170

■ フィールドを追加した後のテーブル

フィールドを追加した後のテーブルは次のとおりです。商品分類、容量、担当営業、金額などを追加することにより、多角的にデータを分析することができます。

	A	B	C	D	E	F	G	H	I	J	K	L	M	N	O
1	2019年第1四半期売上明細														
2															
3	売上ID	売上日	商品CD	商品名	商品分	容量	顧客CD	顧客名通称	業種	エリア	担当部	担当営業	数量	単価	金額
4	R000001	2019/4/1	BR350001	吟選ドラフトビール	BR	350	C0001	サトウ	スーパー	首都圏	流通1課	池田 修一	2,160	250	540,000
5	R000002	2019/4/1	BR500001	吟選ドラフトビールロング缶	BR	500	C0002	ジェームス	ディスカウント	広域	流通3課	降矢 進	240	300	72,000
6	R000003	2019/4/1	HP350001	新鮮発泡酒	HP	350	C0003	デイリーマート	コンビニ	首都圏	流通2課	中村 葉	396	180	71,280
7	R000004	2019/4/1	HP350002	ホップの恵み	HP	350	C0004	ダイオー	スーパー	広域	流通1課	渡辺 篤	360	110	39,600
8	R000005	2019/4/1	HP350001	新鮮発泡酒	HP	350	C0005	ハロー	コンビニ	広域	流通2課	三田村 雅彦	288	180	51,840
9	R000006	2019/4/1	HP500002	ホップの恵みロング缶	HP	500	C0006	ロジャー	ディスカウント	首都圏	流通3課	田富 次郎	240	170	40,800
10	R000007	2019/4/1	BR500001	吟選ドラフトビールロング缶	BR	500	C0007	ミセスマックス	ディスカウント	広域	流通3課	降矢 進	168	300	50,400
11	R000008	2019/4/1	BR500002	黒ドラフトビールロング缶	BR	500	C0008	ミナト	スーパー	首都圏	流通1課	池田 修一	300	320	96,000
12	R000009	2019/4/1	HP350002	ホップの恵み	HP	350	C0009	ショートストップ	コンビニ	首都圏	流通2課	中村 葉	396	110	43,560
13	R000010	2019/4/1	HP350002	ホップの恵み	HP	350	C0010	ヨニー	スーパー	広域	流通1課	渡辺 篤	1,260	110	138,600
14	R000011	2019/4/1	HP350001	新鮮発泡酒	HP	350	C0011	プラタナス	コンビニ	広域	流通2課	三田村 雅彦	354	180	63,720
15	R000012	2019/4/1	HP500002	ホップの恵みロング缶	HP	500	C0012	ドンキー	ディスカウント	首都圏	流通3課	田富 次郎	360	170	61,200
16	R000013	2019/4/1	HP500002	新鮮発泡酒ロング缶	HP	500	C0012	ドンキー	ディスカウント	首都圏	流通3課	田富 次郎	648	220	142,560
17	R000014	2019/4/1	HP350002	ホップの恵み	HP	350	C0011	プラタナス	コンビニ	広域	流通2課	三田村 雅彦	648	110	71,280
18	R000015	2019/4/1	HP350001	新鮮発泡酒	HP	350	C0010	ヨニー	スーパー	広域	流通1課	渡辺 篤	168	180	30,240
19	R000016	2019/4/1	HP350001	新鮮発泡酒	HP	350	C0009	ショートストップ	コンビニ	首都圏	流通2課	中村 葉	714	180	128,520
20	R000017	2019/4/1	SP350001	季節のチューハイアソート	SP	350	C0008	ミナト	スーパー	首都圏	流通1課	池田 修一	180	150	27,000

■ フラッシュフィル

「フラッシュフィル」は、例として入力したデータからExcelが規則性を認識し、ほかのセルにデータを自動的に埋め込む機能です。たとえば商品CDが意味のある文字列の組み合わせでできており、それを他の列に分割して表示したいときなどに、フラッシュフィルを使うと簡単にデータを分割することができます。

フラッシュフィルを使うには、次の手順で操作を行います。

1. 分割または結合したい値を他の列のセルに入力します。
2. [データ] タブの [フラッシュ フィル] [フラッシュフィル] ボタンをクリックします。
3. フラッシュフィルによりほかの行にも自動的にデータ入力が行われます。

フィールドの追加

関数や四則演算を使った計算式を利用して、データ分析に必要なフィールドを追加することができます。

商品マスターや顧客マスターを参照して、データ分析に必要なフィールドがあるかを確認し、必要なフィールドが存在する場合は、テーブルに新しいフィールドを追加します。

新しいフィールドのデータは、VLOOKUP関数で「商品CD」や「顧客CD」のようなフィールドの値を検索値として、それぞれのマスターとして作成された表からデータを検索して追加することができます。

また、金額など計算で求められるフィールドを使用したい場合は、四則演算を使った計算式で求めた結果を、フィールドに追加することもできます。

操作☞ 列を挿入してフィールドを追加する

テーブルの「担当部署」の右側に列を挿入し、「担当営業」というフィールドを作成しましょう。そこに、シート「顧客マスター」の「担当」のデータを、VLOOKUP関数を使って追加しましょう。

Step 1 [Excel2019応用] フォルダーのブック「売上分析」を開きます。

Step 2 シート「売上明細」がアクティブになっていることを確認し、列番号Jを右クリックし、[挿入] をクリックしてテーブルに列を挿入します。

Step 3 新しいフィールド名として、セルJ3に「担当営業」と入力します。

Step 4 セルJ4が選択されていることを確認し、[数式] タブをクリックし、[検索/行列] ボタンをクリックします。

第 5 章　データ分析の準備とデータベース機能　**137**

Step 5 [VLOOKUP]をクリックします。

Step 6 VLOOKUP関数の検索値を指定します。

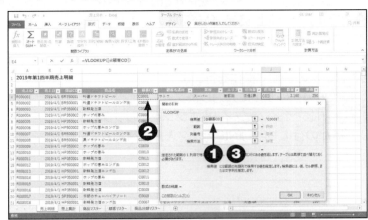

❶ [検索値]ボックスにカーソルが表示されていることを確認します。

❷ セルE4をクリックします。

❸ [検索値]ボックスに「[@顧客CD]」と表示されていることを確認します。

Step 7 VLOOKUP関数の他の引数を指定します。

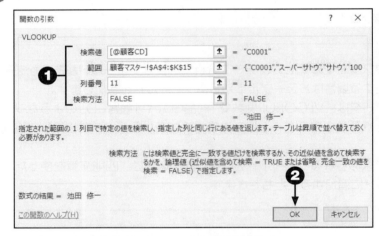

❶ 図と表を参考に引数を指定します。

❷ [OK]をクリックします。

💡 ヒント
テーブルでVLOOKUP関数を使用する場合
テーブルでVLOOKUP関数の検索値を指定すると、検索値は[@顧客CD]のように表示されます。これは、テーブルで「構造化参照」という機能が有効になっているためです。

引数	指定する値
検索値	[@顧客CD]
範囲	顧客マスター!$A$4:$K$15
列番号	11
検索方法	FALSE

Step 8 フィールド「担当営業」にデータが追加されたことを確認します。

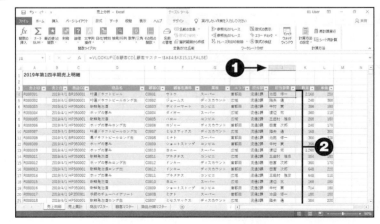

❶ 列Jの列幅を調整します。

❷ フィールド「担当営業」にデータが追加されたことを確認します。

💡 ヒント
集計列
VLOOKUP関数を使った数式が作成されると、テーブル内の他のセルに数式が自動的にコピーされます。これは、フィールド「担当営業」が集計列として認識されたためです。

操作 集計列「金額」を作成する

テーブルの「単価」の右側に、「金額」というフィールドを作成しましょう。そこに、単価×数量の計算式を入力しましょう。

Step 1 新しいフィールド名として、セルM3に「金額」と入力します。

Step 2 セルM4に金額の計算式を入力します。

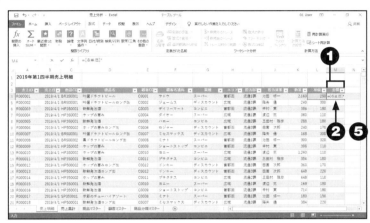

❶ テーブルが自動的に拡張されたことを確認します。

❷ セルM4が選択されていることを確認します。

❸ キーボードから「=」を入力します。

❹ セルL4をクリックし、セルM4に「[@単価]」と表示されたことを確認します。

❺ キーボードから「*」を入力します。

Step 3 計算式の続きを入力し、数式を確定します。

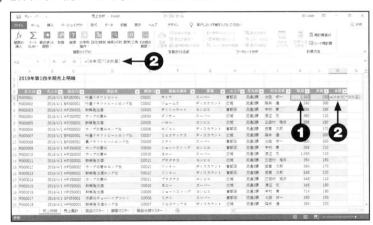

❶ セルK4をクリックし、「[@数量]」と表示されたことを確認します。

❷ 数式バーとセルM4に「=[@単価]*[@数量]」と表示されていることを確認します。

❸ Enterキーを押します。

Step 4 フィールド「金額」に数式がコピーされていることを確認します。

第5章 データ分析の準備とデータベース機能

Step 5 列「金額」の表示形式を設定します。

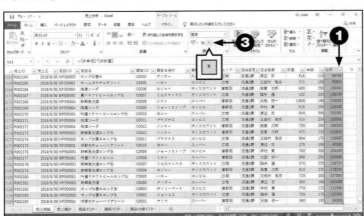

❶ セルM4をクリックします。

❷ **Ctrl**キーと**Shift**キーを押したまま下矢印（↓）キーを押します。

❸ [ホーム]タブの[桁区切りスタイル]ボタンをクリックします。

Step 6 範囲選択を解除して、列「金額」に桁区切りのカンマ(,)が設定されたことを確認します。

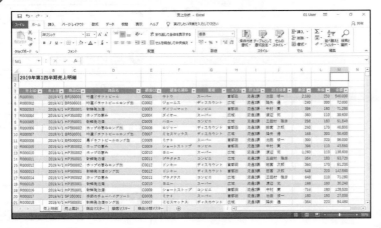

💡 ヒント　テーブルで自動的に有効になる機能

Excelでテーブルを作成すると、自動的に次の機能が有効になります。

■ 構造化参照

テーブルで関数や四則演算などの数式を作成すると、他のセルを参照するときに「構造化参照」という参照方法が設定されます。構造化参照では、「A1」などのセル参照の代わりに、テーブルの列見出し名を使用した参照が数式の中で使用できます。

■ 集計列

テーブル内に数式のフィールドを作成すると、「集計列」として認識されます。集計列では、数式が自動的に展開されるため、数式を作成後にほかのセルにコピーする必要がありません。

■ テーブルの自動拡張

テーブルの右側にフィールド名を入力すると、列見出しとして認識され、テーブルが自動的に拡張されます。また、テーブルの次の行にデータを入力すると、テーブルに自動的に行が追加されます。数式を作成すると、自動的に数式がコピーされます。

ヒント 「顧客マスター」をテーブルに変換して利用

VLOOKUP関数で検索用の表として使った「顧客マスター」に、データが追加される可能性がある場合は、テーブルに変換しておくと良いでしょう。

次の図は、顧客マスターをテーブルに変換した状態です。テーブルに変換すると自動的にテーブル名が付けられます。

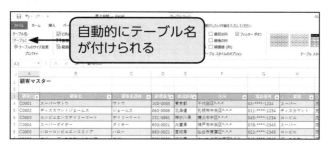

自動的にテーブル名が付けられる

フィールド「担当営業」にVLOOKUP関数を使った数式を入力すると、検索用の表は、セル範囲ではなくテーブル名が使用されます。

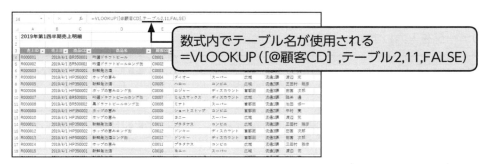

数式内でテーブル名が使用される
=VLOOKUP([@顧客CD],テーブル2,11,FALSE)

「顧客マスター」にデータが追加された場合には、テーブルの範囲が自動的に拡張されるので、数式中のセル範囲を修正する必要がありません。

ヒント 表をテーブルに変換するには

表をテーブルに変換するには、次の手順で操作します。
1. テーブルに変換したい表の任意のセルをクリックします。
2. [挿入]タブの[テーブル]ボタンをクリックします。
3. [テーブルの作成]ダイアログボックスでテーブルに変換される範囲を確認し、[OK]をクリックします。

フラッシュフィル

「商品マスター」の「商品CD」には桁に意味があります。先頭から2桁は「商品分類」、3〜5桁目は「容量」、末尾3桁は「通し番号」です。このような場合は、「商品CD」からフラッシュフィルを使って新しいフィールドを作成し、データ分析に活用することができます。

操作 フラッシュフィルで商品分類のフィールドを作成する

フィールド「商品名」の右側に列を挿入し、「商品分類」というフィールドを作成しましょう。そこにフラッシュフィルを使ってデータを追加しましょう。

Step 1 列番号Eを右クリックし、[挿入] をクリックして、テーブルに列を挿入します。

Step 2 挿入オプションを適用します。

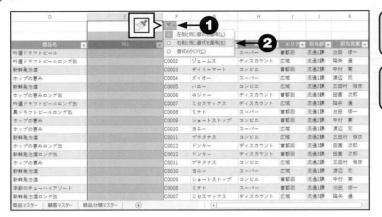

❶ [挿入オプション] ボタンをクリックします。

❷ [右側と同じ書式を適用] をクリックします。

Step 3 新しいフィールド名として、セルE3に「商品分類」と入力します。

Step 4 1件目のデータを入力します。

❶ セルE4が選択されていることを確認します。

❷ 「BR」と入力します。

❸ Enterキーを押します。

ヒント
大文字/小文字の区別

「BR」は半角大文字で入力するようにします。半角小文字で「br」と入力すると、フラッシュフィルで追加されるデータも半角小文字になります。

Step 5 フラッシュフィルを実行します。

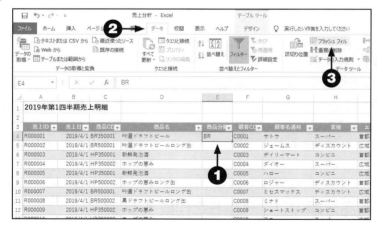

❶ セルE4をクリックします。

❷ [データ] タブをクリックします。

❸ [フラッシュフィル] ボタンをクリックします。

ヒント
フラッシュフィルの実行

[ホーム] タブの [フィル] ボタンの一覧からもフラッシュフィルを実行することができます。

Step 6 フィールド「商品分類」にデータが追加されます。

❶ フィールド「商品分類」にデータが追加されたことを確認します。

❷ ステータスバーにフラッシュフィルで変更されたセルの個数が表示されます。

💡 ヒント　フラッシュフィルオプション

フラッシュフィルを実行すると、フラッシュフィルでデータが入力された先頭のセルに [フラッシュフィルオプション] ボタンが表示されます。[フラッシュフィルオプション] ボタンをクリックすると、フラッシュフィルを元に戻したり、変更されたセルを選択したりすることができます。

💡 ヒント　「商品分類マスター」の作成

商品分類名をデータ分析に使いたい場合は、商品分類CDと商品分類名を対応させた「商品分類マスター」を作成しておくと良いでしょう。VLOOKUP関数で「商品分類CD」を検索値として、商品分類マスターとして作成された表から商品分類名のデータを抽出し、テーブルに追加することができます。データ分析に必要なフィールドを検討し、その検索先の表をどのように作成するかを考慮して、分析用のデータベースを作成していくことをお勧めします。

操作☞ フラッシュフィルで容量のフィールドを作成する

フィールド「商品分類」の右側に列を挿入し、「容量」というフィールドを作成しましょう。フラッシュフィルを使ってデータを追加しましょう。

Step 1 列番号Fを右クリックし、[挿入] をクリックして、テーブルに列を挿入します。

Step 2 新しいフィールド名として、セルF3に「容量」と入力し、列幅を調整します。

Step 3 セルF4が選択されていることを確認し、「350」と入力して**Enter**キーを押します。

Step 4 セルF4をクリックし、[フラッシュフィル] ボタンをクリックします。

第5章　データ分析の準備とデータベース機能

Step 5 フィールド「容量」にデータが追加されます。

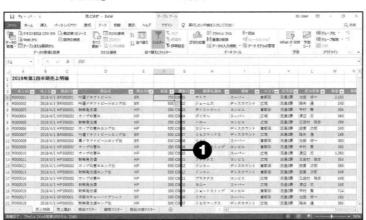

❶ フィールド「容量」にデータが追加されたことを確認します。

ヒント　文字列操作関数

データを分割する際、基データに規則性がある場合は、フラッシュフィルを利用すると便利ですが、Excelには、文字データを加工するためのさまざまな「文字列操作関数」が用意されています。文字列操作関数を使うと、ほかのセルに入力された文字データから必要な文字を取り出すことができます。

■ LEFT（レフト）関数
文字列の先頭（左端）から指定された数の文字を返します。

書　式	LEFT（文字列,文字数）
引　数	**文字列**：取り出す文字を含む**文字列**を指定します。 **文字数**：取り出す**文字数**（文字列の先頭からの文字数）を指定します。
使用例	=LEFT（"BR350001",5） 　　文字列「BR350001」の先頭から5文字を取り出します。 =LEFT（C4,2） 　　セルC4の文字列の先頭から2文字を取り出します。

■ MID（ミッド）関数
文字列の任意の位置から指定された数の文字を返します。

書　式	MID（文字列,開始位置,文字数）
引　数	**文　字　列**：取り出す文字を含む**文字列**を指定します。 **開始位置**：**文字列**から取り出す先頭文字の位置（文字番号）を数値で指定します。文字列の先頭文字の位置を1として数えます。 **文　字　数**：取り出す**文字数**を指定します。
使用例	=MID（"BR350001",2,4） 　　文字列「BR350001」の2番目の文字から4文字を取り出します。 =MID（C4,3,3） 　　セルC4の文字列の3番目の文字から3文字を取り出します。

■ RIGHT（ライト）関数
文字列の末尾（右端）から指定された数の文字を返します。

書　式	RIGHT(**文字列**,**文字数**)
引　数	**文字列**：取り出す文字を含む**文字列**を指定します。
	文字数：取り出す文字数（**文字列**の末尾からの**文字数**）を指定します。
使用例	=RIGHT("BR350001",6)
	文字列「BR350001」の末尾から6文字を取り出します。
	=RIGHT(C4,3)
	セルC4の文字列の末尾から3文字を取り出します。

■ LEN（レン）関数
文字列の文字数を返します。

書　式	LEN(**文字列**)
引　数	**文字列**：文字数を調べる**文字列**を指定します。
使用例	=LEN("BR350001")
	文字列「BR350001」の文字列の長さを求めます。
	=LEN(C4)
	セルC4の文字列の長さを求めます。

💡 ヒント　データの検索と置換

大量のデータを持つデータベースに対して、データを検索したり、データの置き換えを行うには、「検索」や「置換」の機能を使います。[ホーム]タブの[検索と選択]ボタンを使うと、入力されているデータを検索したり、検索したデータを置き換えたりすることができます。データの検索や置換は、表をテーブルに変換した状態でも、セル範囲として利用している場合でも使用することができます。

■ データの検索
データの検索を行う場合は、次の手順で操作します（ここでは、顧客CDを例に説明します）。
1.「顧客CD」フィールド内をアクティブにして、[ホーム]タブをクリックします。
2.[検索と選択]ボタンをクリックし、[検索]をクリックします。

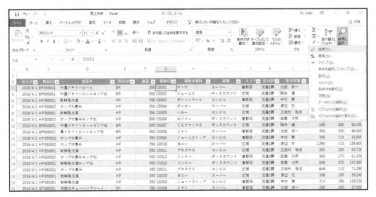

第5章　データ分析の準備とデータベース機能

3. [検索と置換] ダイアログボックスの [検索する文字列] ボックスに検索条件を入力します。ここでは任意の顧客CD（「C0012」）を入力し、[すべて検索] または [次を検索] をクリックします。[次を検索] をクリックすると、該当するセルにジャンプします。[すべて検索] をクリックすると、該当する先頭のセルにジャンプし、検索結果が [検索と置換] ダイアログボックスが拡張されて表示されます。

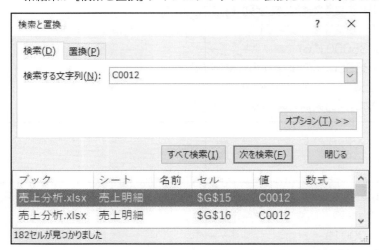

4. 検索結果を確認したら、[閉じる] をクリックして、[検索と置換] ダイアログボックスを閉じます。

■ データの置換
データの置換を行う場合は、次の手順で操作します（ここでは、業種を例に説明します）。
1. 「業種」フィールド内をアクティブにして、[ホーム] タブの [検索と選択] ボタンをクリックし、[置換] をクリックします。
2. [検索と置換] ダイアログボックスに、テーブルから検索するデータと検索結果を置換するデータを入力します。[検索する文字列] ボックスにテーブルから検索するデータ（ここでは「コンビニ」）を入力し、[置換後の文字列] ボックスに検索結果を置換するデータ（ここでは「コンビニエンス」）を入力します。
3. [次を検索] をクリックして、対象のデータを検索します。
4. [すべて置換] または [置換] をクリックします。[置換] をクリックすると、検索したデータを置換します。[すべて置換] をクリックすると、該当するデータを一括して置換します。

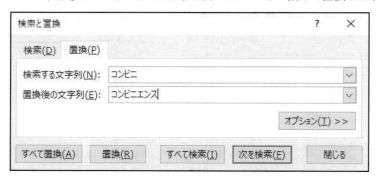

5. [すべて置換] をクリックすると置換の確認メッセージが表示されます。内容を確認し、[OK] をクリックします。
6. 結果を確認したら [閉じる] をクリックして、[検索と置換] ダイアログボックスを閉じます。

データベース機能の活用

Excelには、高度な並べ替えやデータの抽出、データの自動集計など、データベース機能をさらに活用する機能が用意されています。

■ 並べ替え機能
Excelでは、文字列や数値を昇順、降順で並べ替えることに加えて、次の方法でもデータを並べ替えることができます。
・ユーザーが指定した独自の順序
・独自に設定した書式の色、条件付き書式で設定した色、およびアイコンセット

■ データの抽出機能
Excelでは、条件に一致したデータ（レコード）を抽出する機能を「フィルター」といいます。フィルターを使うと次のような抽出をすることができます。
・オートフィルターを利用した簡易的な抽出
・条件付き書式を利用した抽出
・複雑な条件を組み合わせた抽出

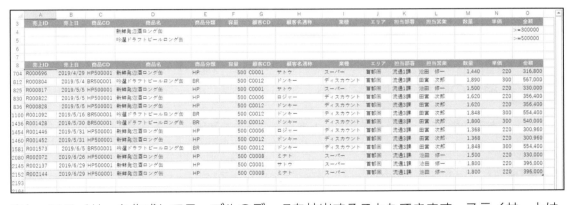

また、スライサーを作成してテーブルのデータを抽出することもできます。スライサーとは、テーブルのデータを抽出するためにフィルター機能を使いやすくしたものです。抽出の対象となるデータをボタンとして表示し、ボタンをクリックするだけで抽出結果を切り替えることができます。スライサーを使って抽出を行うと、データの抽出後に、どのデータがテーブルに表示されているのかがわかりやすくなります。

■ データの自動集計

データベースとして作成したセル範囲のデータは、数式を入力しなくても自動集計することができます。自動集計では、指定した基準、集計方法、フィールドごとに計算が行われ、見出しやアウトラインが自動的に作成されます。

独自の順序による並べ替え

ユーザー設定リストに登録した独自の順序を利用して並べ替えを行うことができます。

操作☞ 独自の順序で並べ替える

本書の操作「ユーザー設定リストを登録する」で登録したユーザー設定リストを使って、データを独自の順序で並べ替えます。さらに、同じ商品名の場合はエリア、顧客CDの順に並べ替えます。

Step 1 シート「売上明細」のテーブル内の任意のセルがアクティブになっていることを確認します。

Step 2 [データ] タブをクリックし、[並べ替え] ボタンをクリックして、[並べ替え] ダイアログボックスを開きます。

Step 3 最優先されるキーを設定します。

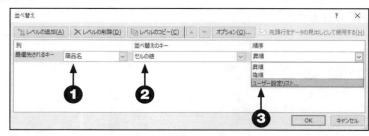

❶ [最優先されるキー] ボックスの▼をクリックし、[商品名] をクリックします。

❷ [並べ替えのキー] ボックスに [セルの値] と表示されていることを確認します。

❸ [順序] ボックスの▼をクリックし、[ユーザー設定リスト] をクリックします。

Step 4 並べ替えに使用するユーザー設定リストを指定します。

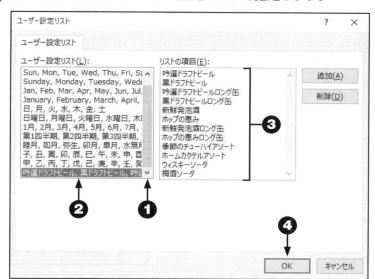

❶ [ユーザー設定リスト] ボックスをスクロールします。

❷ 登録済みのユーザー設定リスト（吟選ドラフトビール、黒ドラフトビール、吟選…）をクリックします。

❸ [リストの項目] ボックスに並び順が表示されていることを確認します。

❹ [OK] をクリックします。

Step 5 2番目に優先されるキーを設定し、並べ替えのキーを追加します。

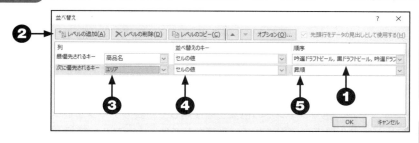

❶ 最優先されるキーの [順序] ボックスに「吟選ドラフトビール、黒ドラフトビール、吟選ドラフ…」と表示されていることを確認します。

❷ [レベルの追加] をクリックします。

❸ [次に優先されるキー] ボックスの▼をクリックし、[エリア] をクリックします。

❹ [並べ替えのキー] ボックスに [セルの値] と表示されていることを確認します。

❺ [順序] ボックスに [昇順] と表示されていることを確認します。

Step 6 並べ替えのキーを追加し、図を参考に3番目に優先されるキーとして顧客CD、順序を昇順に設定し、[OK] をクリックします。

Step 7 データが並べ替えられます。

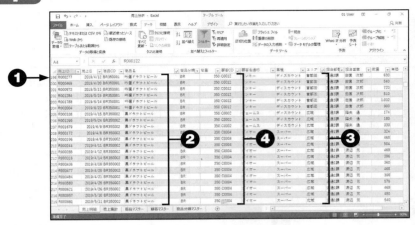

❶「黒ドラフトビール」が表示されるまで、199行目が先頭になるように画面を下にスクロールします。

❷ 商品名ごとに、ユーザー設定リストの順序（吟選ドラフトビール、黒ドラフトビール…）でデータが並べ替えられていることを確認します。

❸ 商品名が同じデータの中で、エリアごとに並べ替えられていることを確認します。

❹ エリアが同じデータの中で、顧客CDごとに並べ替えられていることを確認します。

Step 8 **Ctrl**キーを押しながら**Home**キーを押して、テーブルの左上を表示します。

ヒント　色で並べ替え

条件付き書式のアイコンセットや、セルの色やフォントの色などを使用して、表のデータを並べ替えることができます。アイコンセットなどのビジュアル要素が使用されている表などでは、テーブルに変換せずに、表の形式のままデータを並べ替えることもできます。
※このヒントの操作を行う場合は、［完成］フォルダーのブック「4章完成」のシート「売上分析」を使用してください。

■ アイコンセットでの並べ替え

アイコンセットで並べ替えを行うには、次の手順で操作します。
ここでは、達成率の列の金星（黄色い星）を並べ替える例で説明します。
1. 表の任意のセルをアクティブにし、［データ］タブをクリックします。
2. ［フィルター］ボタンをクリックし、表にオートフィルターを設定します。
3. アイコンセットで並べ替えを行う列（ここでは「達成率」）の▼をクリックします。
4. ［色で並べ替え］をポイントし、［条件付き書式のアイコンで並べ替え］の金星（黄色い星）をクリックします。

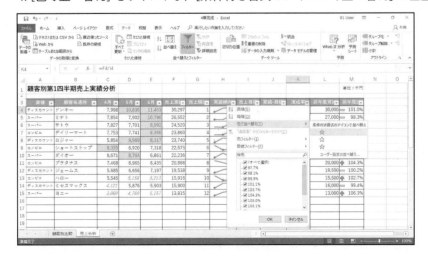

5.「達成率」が指定したアイコンで並べ替えられ、金星のデータが上に表示されていることを確認します。

■ アイコンセットを指定した順序で並べ替え

アイコンセットの順序を指定して、並べ替えを行うことができます。ここでは、「達成率」の列のアイコンを、金星（黄色い星のアイコン）、半金星（星半分のアイコン）、銀星（白い星のアイコン）の順に並べ替える例で説明します。

1. [データ] タブの [並べ替え] ボタンをクリックします。
2. 最優先されるキーを設定し、[レベルのコピー] をクリックして2番目に優先されるキーを追加します。

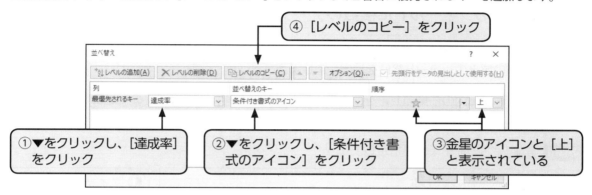

3. 2番目に優先されるキーを設定します。

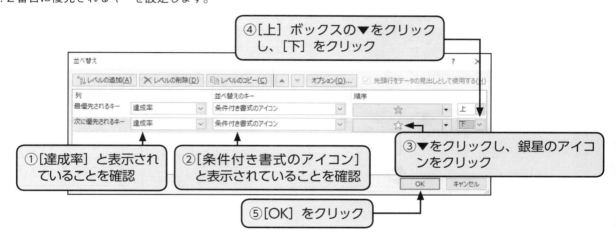

4.「達成率」が指定したアイコンの順に並べ替えられたことを確認します。

■ 色で並べ替えられる対象

「色で並べ替え」の対象となるものは、セルの色、フォントの色、アイコンセットです。データバーは並べ替えの対象にはなりません。

フィルターの応用

フィルターで1つのフィールドに複数のデータを指定したり、部分一致の条件を指定したりしてレコードの抽出を行うことができます。また、スライサーを作成して、テーブルのデータの抽出を行うこともできます。

操作 ☞ 1つのフィールドに複数のデータを指定して抽出する

「商品名」フィールドで、商品名が、ウィスキーソーダ、季節のチューハイアソート、新鮮発泡酒、ホップの恵みのレコードだけを抽出しましょう。

Step 1 テーブル内の任意のセルをアクティブにし、フィールド「売上ID」の▼をクリックし、[昇順]をクリックして、並び順を元に戻します。

Step 2 商品名の抽出条件を指定します。

❶ フィールド「商品名」の▼をクリックします。

❷ [(すべて選択)] チェックボックスをオフにします。

❸ [ウィスキーソーダ]、[季節のチューハイアソート]、[新鮮発泡酒]、[ホップの恵み] の各チェックボックスをオンにします。

❹ [OK] をクリックします。

Step 3 抽出結果が表示されます。

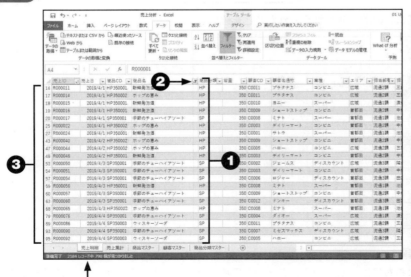

❶ スクロールして商品名が「ウィスキーソーダ」または「季節のチューハイアソート」または「新鮮発泡酒」または「ホップの恵み」のレコードが表示されていることを確認します。

❷ 条件が指定されているフィールドの▼が フィルターボタンになっていることを確認します。

❸ 抽出されたレコードの行番号が青で表示されていることを確認します。

❹ 総レコード数と、条件に一致するレコードの数が表示されていることを確認します。

操作 範囲を指定して抽出する

さらに、金額が25万円以上30万円以下の売上を表示するために、数値フィルターで条件を絞り込んでレコードを抽出しましょう。

Step 1 テーブルの左上を表示してから画面の表示倍率を80%に縮小し、フィールド「金額」を表示します。

Step 2 テーブルの任意のセルをアクティブにします。

Step 3 [オートフィルターオプション] ダイアログボックスを開きます。

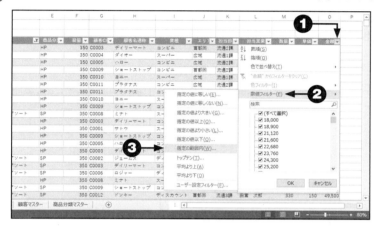

❶ フィールド「金額」の▼をクリックします。

❷ [数値フィルター] をポイントします。

❸ [指定の範囲内] をクリックします。

Step 4 抽出条件を指定します。

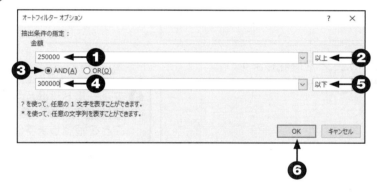

❶ 左上のボックスに「250000」と入力します。

❷ 右上のボックスに[以上]と表示されていることを確認します。

❸ [AND] が選択されていることを確認します。

❹ 左下のボックスに「300000」と入力します。

❺ 右下のボックスに[以下]と表示されていることを確認します。

❻ [OK] をクリックします。

💡 ヒント
抽出条件のオプション

抽出条件を2つ指定する場合は、抽出条件の設定方法を選択します。両方の抽出条件に一致するレコードの場合は [AND]、いずれか一方の抽出条件に一致するレコードの場合は [OR] を選択します。

第5章 データ分析の準備とデータベース機能 *153*

Step 5 抽出結果が表示されたことを確認します。

❶ さらに、売上金額が25万円以上30万円以下のレコードに絞り込まれて表示されていることを確認します。

操作 ☞ 複数のフィールドの抽出条件を解除する

複数のフィールドに設定した抽出条件を一度に解除することができます。「商品名」フィールドと「金額」フィールドに設定した抽出条件をまとめて解除しましょう。

Step 1 指定した抽出条件をすべて解除します。

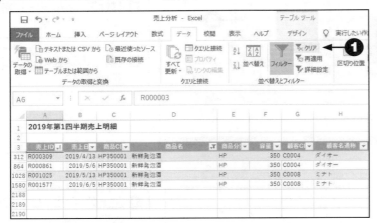

❶ [データ] タブが選択されていることを確認し、[クリア] ボタンをクリックします。

Step 2 すべてのレコードが表示されたことを確認します。

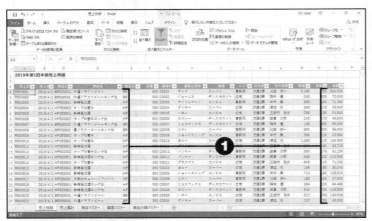

❶ フィールド「商品名」と「金額」の抽出条件が一度に解除されたことを確認します。

ヒント [検索]ボックスを使用した抽出

オートフィルターの[検索]ボックスに、検索したい値の一部を入力して抽出を行うことができます。
ここでは、[検索]ボックスを使用して、商品名に「ビール」を含む商品の売上を抽出する方法を例にして説明します。

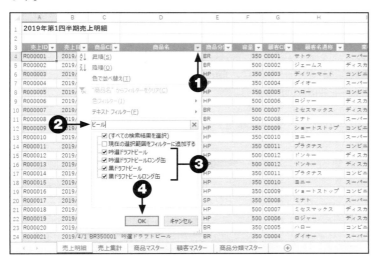

❶ フィールド「商品名」の▼をクリックします。

❷ [検索]ボックスに「ビール」と入力します。

❸ 名前に「ビール」が含まれるデータに絞り込まれたことを確認します。

❹ [OK]をクリックします。

❶ 商品名に「ビール」を含むレコードが絞り込まれたことを確認します。

[検索]ボックスに条件を入力すると、その文字を含むレコードがすべて抽出されます。たとえば、商品名が「ビール」で終わるレコードだけを抽出したい場合には、「*ビール」と入力します(「*」は、複数個(0を含む)の任意の文字を表します)。

第5章 データ分析の準備とデータベース機能 155

スライサー

操作☞ スライサーを作成して抽出する

スライサーを作成して、「商品名」フィールドで、商品名が、ウィスキーソーダ、梅酒ソーダ、季節のチューハイアソートのレコードを抽出しましょう。

Step 1 [スライサーの挿入] ダイアログボックスを開きます。

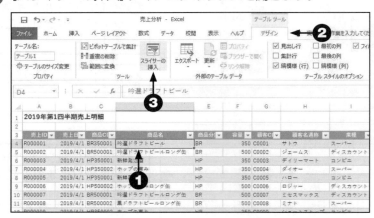

❶ テーブル内の任意のセルをアクティブにします。

❷ [デザイン] タブをクリックします。

❸ [スライサーの挿入] ボタンをクリックします。

Step 2 スライサーを挿入します。

❶ [商品名] チェックボックスをオンにします。

❷ [OK] をクリックします。

Step 3 スライサーでレコードを抽出します。

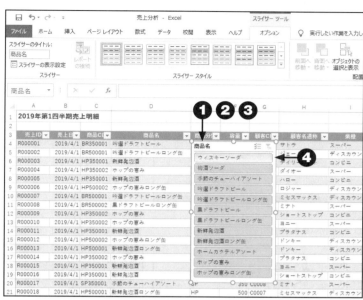

❶ スライサー[商品名]が挿入されたことを確認します。

❷ 列「商品名」の右側にスライサーを移動します。

❸ すべての商品名が表示されるように、スライサーのサイズを広げます。

❹ スライサー[商品名]の[ウィスキーソーダ]をクリックします。

💡 **ヒント**
スライサーの移動とサイズ変更
スライサーを移動するには、スライサーのヘッダー([商品名])をポイントしてドラッグします。また、スライサーのサイズを変更するには、スライサーのサイズ変更ハンドルをドラッグします。

Step 4 商品名が「ウィスキーソーダ」のレコードが抽出されたことを確認します。

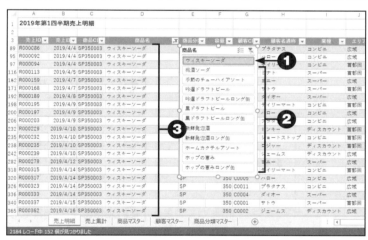

❶ 絞り込んだスライサーの項目の色が濃くなっていることを確認します。

❷ その他のスライサーの項目の色が淡い色になっていることを確認します。

❸ 商品名が「ウィスキーソーダ」のレコードだけが表示されていることを確認します。

Step 5 さらにスライサーで抽出します。

❶ **Shift**キーを押しながら、[季節のチューハイアソート]をクリックします。

💡 **ヒント**
離れた項目の複数選択
スライサーの離れた項目を複数選択する場合は、Ctrlキーを押しながら、項目を一つずつクリックします。

第 5 章 データ分析の準備とデータベース機能 **157**

Step 6 さらに商品名が「梅酒ソーダ」、「季節のチューハイアソート」のレコードが抽出されたことを確認します。

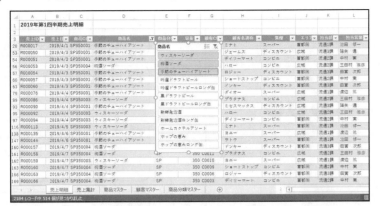

Step 7 スライサー[商品名]の抽出を解除します。

❶ スライサーのヘッダーの[フィルターのクリア]ボタンをクリックします。

Step 8 スライサー[商品名]を削除します。

❶ スライサー[商品名]の抽出が解除されたことを確認します。

❷ スライサー[商品名]にサイズ変更ハンドルが表示されていることを確認します。

❸ Deleteキーを押します。

Step 9 スライサー[商品名]が削除されたことを確認します。

💡 ヒント　スライサーの書式設定

スライサーを挿入すると、[オプション]タブが表示されます。スライサーのタイトルの変更や、スライサースタイルなどの書式設定を行うことができます。

フィルターオプションによる高度な抽出

「フィルターオプション」を利用すると、さらに高度な条件を使ってデータを抽出できます。複数フィールドの検索条件を組み合わせて設定することができます。データの抽出の指定は[フィルターオプションの設定]ダイアログボックスで行います。

複数フィールドに検索条件を組み合わせて抽出するには、次の手順で操作します。
1. 抽出条件範囲の作成
- データの抽出対象のセル範囲の上に、3行以上の空白行を挿入して、検索条件を入力するための検索条件範囲を作成します。
- 検索条件範囲には、列見出しを付ける必要があります。
- セル範囲と区別するために、検索条件の値とセル範囲との間に1行以上の空白行を挿入します。

2. [フィルターオプションの設定] ダイアログボックスでの設定
データを抽出するために、次の設定を行います。

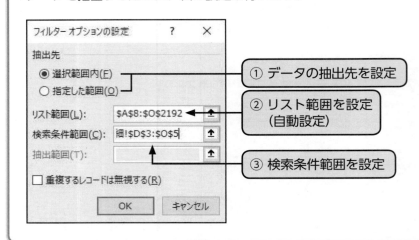

① データの抽出先を設定
② リスト範囲を設定（自動設定）
③ 検索条件範囲を設定

操作 検索条件範囲を作成する

データ抽出対象のテーブルの上に行を挿入し、列見出しをコピーしてデータの検索条件を入力する範囲（検索条件範囲）を作成しましょう。

Step 1 データ抽出対象のテーブルの上に行を挿入します。

❶ 行番号3〜7をドラッグします。

❷ 選択した行番号を右クリックします。

❸ ショートカットメニューの[挿入] をクリックします。

Step 2 列見出しをコピーします。

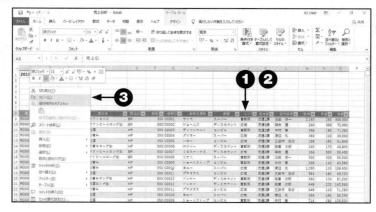

❶ セルA8〜O8を範囲選択します。

❷ 選択したセル範囲を右クリックします。

❸ ショートカットメニューの[コピー] をクリックします。

Step 3 セルA3を右クリックし、ショートカットメニューの [貼り付けのオプション] の 📋 [貼り付け] をクリックして列見出しを貼り付けます。

Step 4 列見出しが貼り付けられます。

❶ 列見出しが貼り付けられたことを確認します。

❷ Escキーを押して、点滅する破線を解除します。

💡 ヒント　検索条件範囲の列見出し

ここでは便宜的にすべてのフィールドの列見出しを作成していますが、条件を設定しない列見出しは作成する必要がありません。

(例) 商品名、商品分類、容量を検索条件にする場合の列見出し

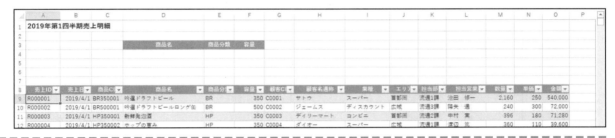

操作☞ AND条件とOR条件を指定して抽出する

商品名が新鮮発泡酒ロング缶で30万円以上、または吟選ドラフトビールロング缶で50万円以上の売上のレコードを抽出しましょう。

Step 1 検索条件範囲に条件を入力します。

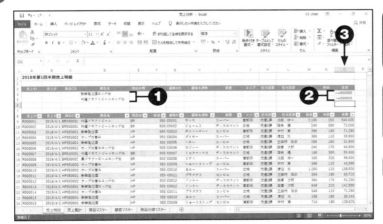

❶ セルD4に「新鮮発泡酒ロング缶」、セルD5に「吟選ドラフトビールロング缶」と入力します。

❷ セルO4に「>=300000」、セルO5に「>=500000」と入力します。

❸ 列Oの列幅を調整します。

セル番地	商品名	セル番地	金額
D4	新鮮発泡酒ロング缶	O4	>=300000
D5	吟選ドラフトビールロング缶	O5	>=500000

Step 2 データを抽出するテーブル (8行目以下) の任意のセルをアクティブにします。

第5章　データ分析の準備とデータベース機能

Step 3 [フィルターオプションの設定] ダイアログボックスを開きます。

❶ [データ] タブをクリックします。

❷ [詳細設定] ボタンをクリックします。

Step 4 抽出とリスト範囲を確認します。

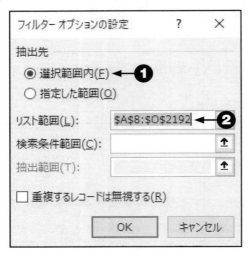

❶ [抽出先] の [選択範囲内] が選択されていることを確認します。

❷ [リスト範囲] ボックスに「$A$8:$O$2192」と表示されていることを確認します。

💡 **ヒント**
重複するレコードの無視
抽出されたデータに、内容が同じものが複数ある場合に、そのうちの1件だけを表示するには、[重複するレコードは無視する] チェックボックスをオンにします。

Step 5 検索条件範囲を設定します。

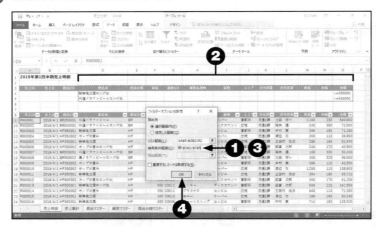

❶ [検索条件範囲] ボックスをクリックします。

❷ セルD3〜O5をドラッグします。

❸ [検索条件範囲] ボックスに「売上明細!$D$3:$O$5」と表示されていることを確認します。

❹ [OK] をクリックします。

Step 6 抽出結果が表示されます。

❶ 商品名が「新鮮発泡酒ロング缶」で金額が30万円以上、または商品名が「吟選ドラフトビールロング缶」で金額が50万円以上のデータだけが表示されていることを確認します。

❷ 総レコード数と、条件に一致するレコードの数が表示されていることを確認します。

162 データベース機能の活用データベース機能

ヒント 正しく抽出されない場合

検索条件範囲に空白行を含めて範囲選択をすると、条件として指定したデータが抽出されず、すべてのデータが表示されたままになります。

ヒント [フィルターオプションの設定]ダイアログボックス

[フィルターオプションの設定]ダイアログボックスで設定する項目は次のとおりです。

設定項目	説明
[抽出先]	[選択範囲内]：入力した検索条件に一致する行だけを表示し、それ以外の行は非表示になります。
	[指定した範囲]：セル範囲の検索条件に一致する行を抽出してワークシートの別の場所にコピーします。
[リスト範囲]	データの抽出対象となるセル範囲を指定します。データ抽出対象内の任意のセルをアクティブにしておくと、セル範囲は自動認識されます。
[検索条件範囲]	データを抽出するための検索条件が入力されたセル範囲を指定します。
[抽出範囲]	[抽出先]の[指定した範囲]を選択した場合に、抽出結果をコピーして表示する抽出先を指定します。[抽出範囲]ボックスには、抽出先のセルを指定します。このセルが抽出範囲の左上のセルになります。
重複するレコードは無視する	このチェックボックスをオンにすると、抽出されたデータに内容が同じものが複数あった場合に、そのうちの1件だけを表示します。

操作 抽出をクリアする

フィルターオプションで行った抽出を解除し、すべてのレコードを表示しましょう。

Step 1 [データ]タブが選択されていることを確認し、[クリア]ボタンをクリックします。

Step 2 抽出が解除されたことを確認します。

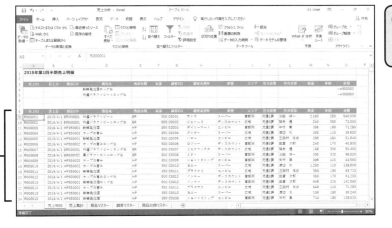

❶抽出が解除され、すべてのレコードが表示されていることを確認します。

ヒント フィルターオプションの仕様

フィルターオプションを利用してデータの抽出を行うと、オートフィルター機能が解除されます。再度オートフィルター機能を利用するには、[データ]タブをクリックし、[フィルター]ボタンをクリックします。

ヒント　複数の抽出条件の設定

複数の検索条件を設定する場合、以下のような方法があります。

■ 複数の列に検索条件をAND指定で設定する

複数の列に検索条件を指定し、すべての条件を満たすデータを抽出する場合は、検索条件の同じ行に、各検索条件を入力します。

（例）商品名が「吟選ドラフトビールロング缶」で 業種が「ディスカウント」、金額が「50万円以上」の売上を検索

■ 複数の列に検索条件をOR指定で設定する

複数の列に検索条件を指定し、いずれかの条件を満たすデータを抽出する場合は、検索条件の異なる行に、各検索条件を入力します。

（例）商品分類が「HP」、エリアが「首都圏」、担当営業が「三田村　雅彦」のいずれかの条件を満たす売上を検索

■ 複数の列に検索条件をANDとORの指定を組み合わせて設定する

複数の検索条件を組み合わせて指定し、組み合わせのいずれかを満たすデータを抽出する場合は、各検索条件の組み合わせを異なる行に入力します。

（例）顧客名通称が「サトウ」で金額が「45万円以上」、顧客名通称が「ジェームス」で金額が「25万円以上」のいずれかの売上を検索

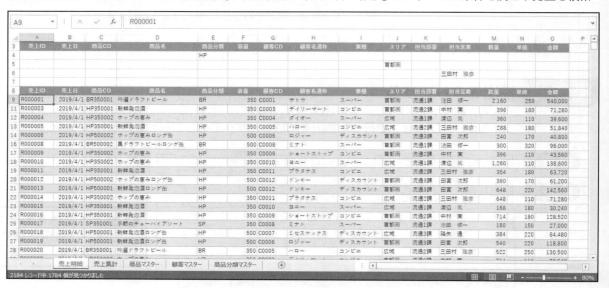

■ 1つの列に複数の検索条件をAND指定で設定する

1つの列に複数の検索条件または数値の範囲を設定し、すべての条件を満たすデータを抽出する場合は、同じ列見出しを必要な数だけ検索条件範囲に作成します。

(例) 金額が「50万円以上」で「60万円以下」の売上を検索

ヒント

部分一致と前方一致、後方一致の検索条件の指定

文字列の一部分を検索条件にしてデータを抽出するには、ワイルドカード文字を使います。ワイルドカード文字には次の2種類があります。

記号	機能
*	複数（0を含む）個の任意の文字
?	1個の任意の文字

ワイルドカード文字を使うと、前方一致、部分一致、後方一致の抽出条件が指定できます。ワイルドカード文字は半角で入力します。

入力方法	条件	意味	抽出される例	抽出されない例
田*	前方一致	田で始まる	田宮、田中、田村	岡田、池田、奥田
田	部分一致	田を含む	池田、三田村、田宮、高田	鈴木、佐々木、佐藤
??田	後方一致	3文字目が田	久保田、小野田	田宮、池田、三田村
?田*彦	部分一致	2文字目が田で彦で終わる	三田村雅彦、小田切俊彦	池田修一、田宮次郎

ワイルドカード文字は、オートフィルターやフィルターオプションなどのさまざまな抽出条件と組み合わせて使用することができます。ここでは、フィルターオプションの検索条件の指定方法を例にしています。

(例) 商品名が「ロング缶」で終わり、かつ担当営業の2文字目が「田」のレコードを抽出

データの自動集計

データベースとして作成したセル範囲のデータは、数式を入力しなくても自動集計することができます。自動集計では、指定した基準、集計方法、フィールドごとに計算が行われ、見出しやアウトラインが自動的に作成されます。
ただし、テーブルに変換した状態では、自動集計を行うことはできません。自動集計を行うには、テーブルを範囲に変換する必要があります。

> 自動集計を行う場合は、次の手順で操作します。
> 1. 集計する基準となるフィールドで並べ替えを行います。
> 2. 基準となるフィールドを集計します。

操作 集計の基準となるフィールドで並べ替える

商品名ごと、エリアごとに数量と金額の集計を行います。そのために、それぞれ集計の基準となるフィールド(「商品名」、「エリア」、「顧客CD」)で並べ替えましょう。

Step 1 シート「売上集計」をアクティブにします。

Step 2 3行目以下の任意のセルをアクティブにし、[データ]タブをクリックし、[並べ替え]ボタンをクリックして、[並べ替え]ダイアログボックスを開きます。

Step 3 図と表を参考に並べ替えの条件を指定します。

> 💡 ヒント
> **顧客CDの並べ替え**
> 顧客CDは集計には直接使用しませんが、商品別、エリア別に集計した際に、どのような顧客が該当しているのかを確認、分析しやすいように、ここでは並べ替えのキーとして指定しています。

キー	並べ替えのキー	順序
最優先されるキー	商品名	セルの値	吟選ドラフトビール、黒ドラフトビール、吟選ドラフ...
2番目に優先されるキー	エリア	セルの値	降順
3番目に優先されるキー	顧客CD	セルの値	昇順

Step 4 [OK]をクリックして、[並べ替え]ダイアログボックスを閉じます。

Step 5 データが並べ替えられたことを確認します。

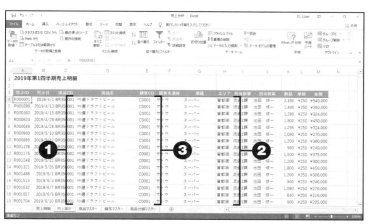

❶ 商品名ごとに、ユーザー設定リストの順序（吟選ドラフトビール、黒ドラフトビール…）でレコードが並べ替えられていることを確認します。

❷ 商品名が同じレコード内で、エリアごとに降順に並べ替えられていることを確認します。

❸ 商品名とエリアが同じレコード中で、顧客CD順で並べ替えられていることを確認します。

操作 ☞ 集計を実行する

商品名ごとの数量と金額の合計を自動集計しましょう。

Step 1 3行目以下の任意のセルがアクティブになっていることを確認します。

Step 2 [集計の設定] ダイアログボックスを開きます。

❶ [データ] タブが選択されていることを確認します。

❷ [小計] ボタンをクリックします。

Step 3 集計の設定をします。

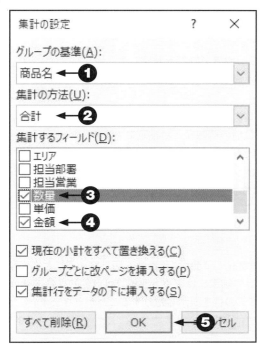

❶ [グループの基準] ボックスの▼をクリックし、一覧の[商品名]をクリックします。

❷ [集計の方法] ボックスに [合計] と表示されていることを確認します。

❸ [集計するフィールド] ボックスの [数量] チェックボックスをオンにします。

❹ [集計するフィールド] ボックスの [金額] チェックボックスがオンになっていることを確認します。

❺ [OK] をクリックします。

第 5 章　データ分析の準備とデータベース機能　**167**

Step 4 集計の結果が表示されます。

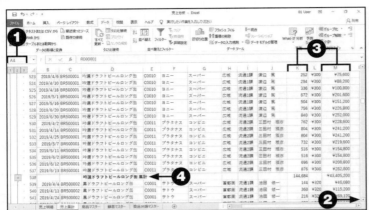

❶ アウトラインが自動的に作成されます。

❷ 画面を下にスクロールします。

❸ K列とM列の幅を調整します。

❹ 商品ごとの集計行が挿入されたことを確認します。

Step 5 データの最下行を表示して、総計行が挿入されていることを確認します。

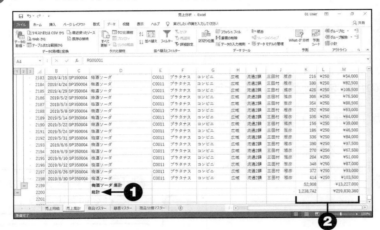

❶ さらに画面を下にスクロールし、総計行が挿入されたことを確認します。

❷ 数量と金額の集計が表示されていることを確認します。

💡 **ヒント** **集計行をデータの上に挿入するには**

小計行や総計行を詳細データの上に挿入するには、[集計の設定] ダイアログボックスの [集計行をデータの下に挿入する] チェックボックスをオフにします。

💡 **ヒント** **[集計の設定] ダイアログボックス**

自動集計を行うときは、[集計の設定] ダイアログボックスで詳細を設定します。
・[グループの基準] ボックスには、表の列見出しが表示されます。小計を計算する基準となる列をリストから選択します。
・[集計の方法] ボックスで小計の計算方法を指定します。
　合計のほかに、個数、平均、最大、最小、積、数値の個数などが指定できます。
・[集計するフィールド] ボックスの一覧で、小計を計算する列のチェックボックスをオンにします。
・[グループごとに改ページを挿入する] チェックボックスをオンにすると、小計ごとに改ページを挿入することができます。

📖 **用語** **アウトライン**

アウトラインとは、ワークシートの行や列をグループ化して表示/非表示を切り替えることにより、表を折りたたんだり、展開したりするための機能です。自動集計の結果にはアウトラインが自動的に作成されるので、表を折りたたんで集計行だけを表示したり、展開してすべての行を表示したりすることができます。

💡 ヒント　アウトライン記号について

アウトラインを作成すると「アウトライン記号」が表示されます。

記号	説明
レベル記号 [1] [2] [3]	アウトラインの特定のレベルを表示します。アウトラインのレベルが3つまで設定されている場合は、[3]をクリックすると詳細データがすべて表示されます。[1]をクリックすると詳細データが非表示になります。
詳細表示記号 [+]	詳細データを表示します。表示したい詳細データの集計行の左側にある[+]をクリックすると、詳細データが表示されます。
詳細非表示記号 [-]	詳細データを非表示にします。非表示にしたい詳細データの左側にある[-]をクリックすると、詳細データが非表示になります。

また、[データ]タブの[グループ化▼][グループ化]ボタンを使ってアウトラインを手動で作成することができます。

操作☞ 集計表を折りたたんで表示する

アウトライン機能を使い、表を折りたたんで表示しましょう。

Step 1 アウトラインの[2]レベル記号2をクリックします。

Step 2 表が折りたたまれて、集計表だけが表示されます。

❶ 画面をスクロールし、表が折りたたまれていることを確認します。

Step 3 新鮮発泡酒ロング缶の集計行（行1282）の[+]詳細表示記号をクリックします。

Step 4 新鮮発泡酒ロング缶の詳細データが表示されます。

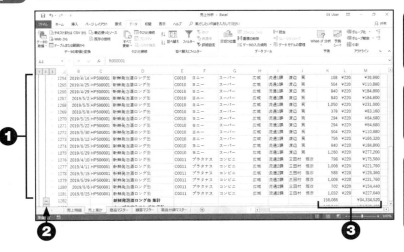

❶ 新鮮発泡酒ロング缶の詳細データが表示されたことを確認します。

❷ 行1282の詳細表示記号が、詳細非表示記号（[-]）に変わります。

❸ 画面をスクロールし、新鮮発泡酒ロング缶の数量と金額の小計が表示されていることを確認します。

Step 5 [3]レベル記号3をクリックして、すべてのレコードを表示します。

操作 集計の基準を追加する

エリアごとの数量と金額の合計を、集計の基準に追加しましょう。

Step 1 列見出しの行を表示し、3行目以下の任意のセルをアクティブにします。

Step 2 [データ] タブの [小計] ボタンをクリックして、[集計の設定] ダイアログボックスを開きます。

Step 3 集計の設定を行います。

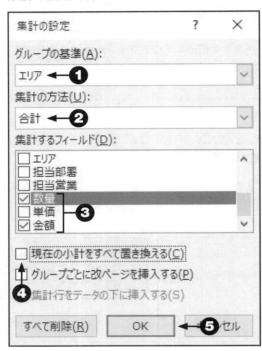

❶ [グループの基準] ボックスの▼をクリックし、一覧の [エリア] をクリックします。

❷ [集計の方法] ボックスに [合計] と表示されていることを確認します。

❸ [集計するフィールド] ボックスの [数量] チェックボックスと [金額] チェックボックスがオンになっていることを確認します。

❹ [現在の小計をすべて置き換える] チェックボックスをオフにします。

❺ [OK] をクリックします。

💡 ヒント
集計結果の追加

[現在の小計をすべて置換える] チェックボックスをオフにすると、既に設定している集計を置き換えずに、別の基準やフィールドによる集計結果を追加することができます。

Step 4 集計の結果が表示されます。

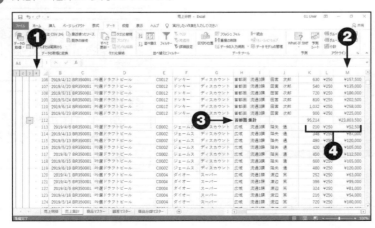

❶ アウトラインのレベルが追加されたことを確認します。

❷ 列Mを表示します。

❸ 首都圏の集計行が表示されるまで画面を下にスクロールします。

❹ エリアごとの小計が追加されたことを確認します。

Step 5 ③レベル記号3をクリックして表を折りたたみます。

Step 6 表が折りたたまれたことを確認します。

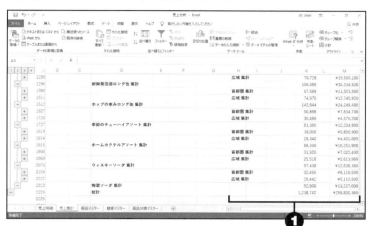

❶ 商品別にエリアごとの集計結果が表示されていることを確認します。

操作 ☞ 集計の設定を解除する

小計と総計を削除し、集計したセル範囲のデータを元に戻しましょう。

Step 1 3行目以下の任意のセルをアクティブにします。

Step 2 [データ] タブの [小計] ボタンをクリックして、[集計の設定] ダイアログボックスを開きます。

Step 3 集計の設定を削除します。

❶ [すべて削除] をクリックします。

第 5 章　データ分析の準備とデータベース機能

Step 4 集計の設定が削除されたことを確認します。

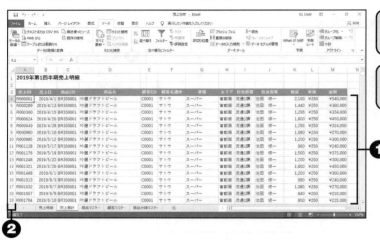

❶ 小計行や総計行が削除されたことを確認します。

❷ アウトラインが解除されたことを確認します。

Step 5 ブックを[保存用]フォルダーに保存して閉じます。

この章の確認

- □ テーブルにフィールドを作成し、関数や数式でデータを追加することができますか？
- □ フラッシュフィルを使って、データを追加することができますか？
- □ 独自の順序でデータを並べ替えることができますか？
- □ オートフィルターで複雑な条件を設定し、データを抽出することができますか？
- □ スライサーを作成して、データを抽出することができますか？
- □ 抽出条件範囲を作成することができますか？
- □ [フィルターオプションの設定] ダイアログボックスを使ってデータを抽出することができますか？
- □ データを自動集計することができますか？

問題 5-1

テーブルにフィールドを追加しましょう。データは関数や計算式を利用して追加しましょう。

1. [復習問題] フォルダーのブック「復習5　ワイン類売上分析」を開きましょう。

2. シート「売上分析」にあるテーブルの「顧客名通称」の右側に列を挿入し、「業種」というフィールドを作成しましょう。そこに、シート「顧客マスター」の「業種」のデータを、VLOOKUP関数を使って追加しましょう。

3. テーブルの「単価」の右側に「金額」というフィールドを作成しましょう。そこに単価×数量の計算式を入力してデータを追加し、桁区切りのカンマを設定しましょう。

4. フィールド「商品名」の右側に列を挿入し、「商品分類」というフィールドを作成しましょう。そこに、商品CDの上2桁をフラッシュフィルで取り出し、データを追加しましょう。

5. フィールド「商品分類」の右側に列を挿入し、「生産地」というフィールドを作成しましょう。そこに、商品CDの3桁目から3文字をフラッシュフィルで取り出し、データを追加しましょう。

 問題 5-2

データを並べ替えて分析しましょう。

1. あらかじめ登録したユーザー設定リスト(ボルドー赤、トスカーナ赤、カリフォルニア赤…)を使って、データを独自の順序で並べ替えましょう。次の表を参考に並べ替えのキーを設定して並べ替えを行いましょう。

キー		並べ替えのキー	順序
最優先されるキー	商品名	セルの値	ボルドー赤、トスカーナ赤、カリフォルニア赤…
2番目に優先されるキー	エリア	セルの値	昇順
3番目に優先されるキー	顧客CD	セルの値	昇順

第 5 章　データ分析の準備とデータベース機能　**173**

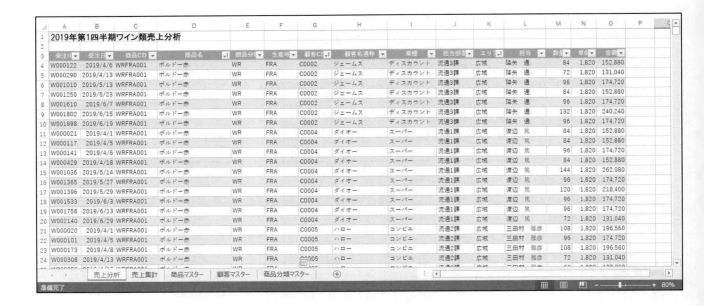

 問題 5-3

Excelのデータベース機能を使ってデータを抽出しましょう。

1. 「受注ID」フィールドを基準にデータを昇順で並べ替えましょう。

2. 「商品名」フィールドで、商品名が、オレゴン白、カタルーニャ白、ガリシア赤、カリフォルニア赤のレコードを抽出しましょう。

3. さらに、金額が25万円以上30万円以下の売上を表示するために、数値フィルターで条件を絞り込んでレコードを表示しましょう。

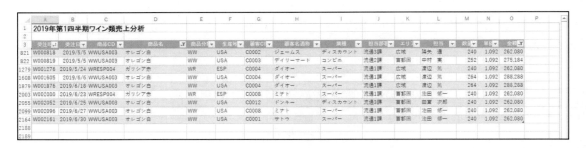

4. 「商品名」フィールドと「金額」フィールドに設定した抽出条件をまとめて解除しましょう。

5. スライサーを作成して、商品名がスパークリングイタリア、スパークリングフランス、トスカーナ白、ブルゴーニュ白のレコードを抽出しましょう。

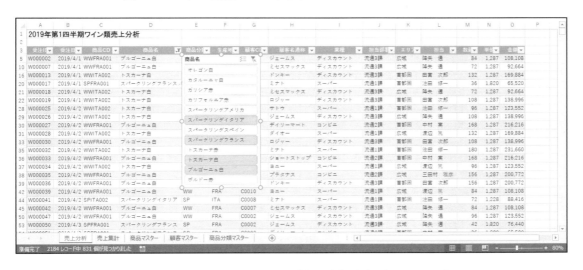

6. スライサーでの抽出を解除し、スライサー［商品名］を解除しましょう。

7. テーブルの上に5行空白行を挿入し、列見出しをコピーしてデータの検索条件を入力する範囲（検索条件範囲）を作成しましょう。

8. 検索条件範囲に抽出条件を入力し、商品名がボルドー赤で金額が45万円以上、または商品名がトスカーナ白で金額が40万円以上のレコードを抽出しましょう。

 問題 5-4

データを自動集計しましょう。

1. シート「売上集計」をアクティブにし、自動集計を行う準備として、次の表を参考に並べ替えを行いましょう。

キー		並べ替えのキー	順序
最優先されるキー	商品名	セルの値	ボルドー赤、トスカーナ赤、カリフォルニア赤…
2番目に優先されるキー	エリア	セルの値	昇順
3番目に優先されるキー	担当	セルの値	昇順

2. 商品名ごとの数量と金額の合計を自動集計しましょう。

第5章 データ分析の準備とデータベース機能 175

3. アウトライン機能を使い、表を折りたたんで商品名ごとに数量と金額が集計されていることを確認しましょう。その後、カタルーニャ白の集計行を展開して内訳を確認しましょう。結果を確認後、すべてのレコードを表示しましょう。

4. エリアごとの数量と金額の合計を集計の基準に追加して自動集計し、アウトライン機能を使って表を折りたたんで結果を確認しましょう。

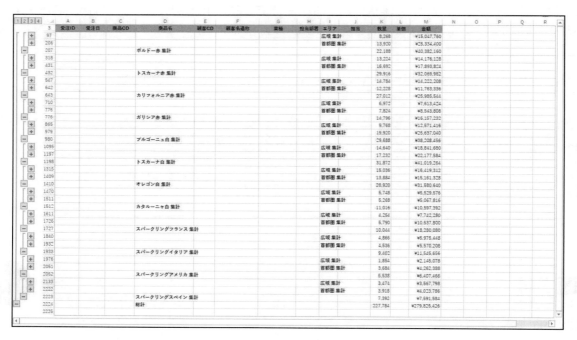

5. ブックを[保存用]フォルダーに保存して閉じましょう。

第6章

ピボットテーブルと
ピボットグラフ

- ■ データをさまざまな角度から分析するツール
- ■ ピボットテーブルの作成
- ■ ピボットテーブルを使用した分析
- ■ ピボットテーブルの書式設定
- ■ ピボットグラフ

データをさまざまな角度から分析するツール

データを集計したり、多角的な視点で分析したりするには、「ピボットテーブル」と「ピボットグラフ」を使います。

データベース形式の「テーブル」や表では、データの並べ替え、抽出、自動集計などの機能を利用することができますが、さらに柔軟に複数のフィールドを組み合わせて、さまざまな集計方法で、多角的にデータの分析を行うことができます。そのための機能が「ピボットテーブル」と「ピボットグラフ」です。

■ ピボットテーブル

ピボットテーブルを使うと、膨大なデータを瞬時に集計することができます。ドラッグアンドドロップ、またはチェックボックスのオン/オフの切り替えの操作でフィールドを行や列に配置するだけで、行と列に配置したフィールドを同時に集計を行うクロス集計表を作成することができます。また、ピボットテーブルを作成した後に、行と列のフィールドを入れ替えて、別のクロス集計表に簡単に作り替えることができます。

・ピボットテーブルの基データ

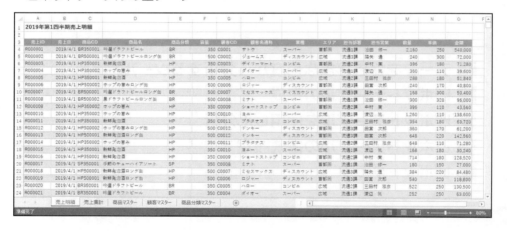

・商品ごとに月別の売上金額を集計

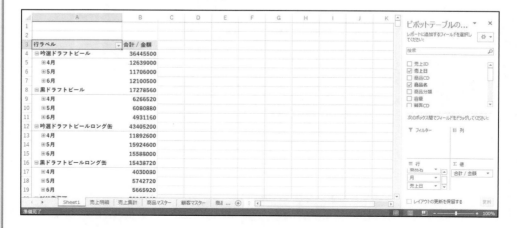

・月ごとに商品の売上金額を集計

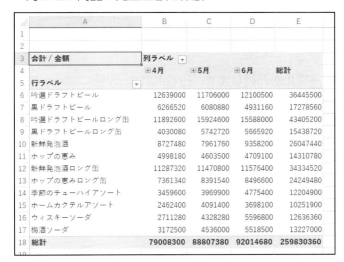

■ ピボットグラフ

ピボットグラフを使うと、ピボットテーブルの集計結果や分析結果を視覚化することができます。ピボットグラフはピボットテーブルと連動しているため、ピボットテーブルを変更すると、ピボットグラフの内容も自動的に更新されます。

・積み上げ縦棒グラフのピボットグラフ

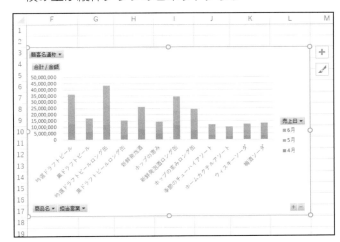

・フィールドを追加後、[担当部署] フィールドでフィルターを設定したピボットグラフ

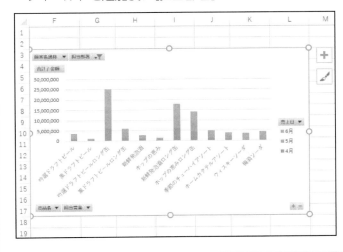

ピボットテーブルの作成

データベースを基にピボットテーブルを作成します。Excelには、大量に蓄積されたデータの分析を支援するための機能として「おすすめピボットテーブル」があります。

ワークシートに蓄積されたデータをどのように分析すればよいかわからないときには、まず「おすすめピボットテーブル」を使ってピボットテーブルを作成することをお勧めします。分析に必要な項目がほかにもある場合は、作成したピボットテーブルにフィールドを追加してピボットテーブルを完成させます。

■ おすすめピボットテーブル

[挿入] タブの [おすすめピボットテーブル] ボタンを使ってピボットテーブルを作成すると、データベースに応じてピボットテーブルの候補が提示されます。

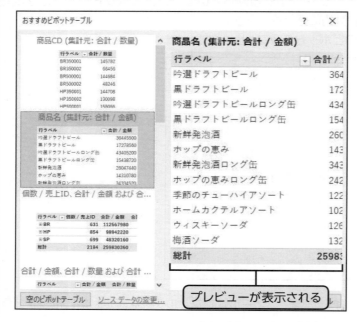

提示されたピボットテーブルの候補をクリックすると、プレビューが表示されます。プレビューの中から目的に合ったものを選択するだけで、ピボットテーブルを簡単に作成することができます。

■ ピボットテーブルのレイアウト設定

ピボットテーブルを作成すると、[ピボットテーブルのフィールド] 作業ウィンドウが表示されます。既定では、ウィンドウの上半分に「フィールドセクション」、下半分に「エリアセクション」が表示されます。

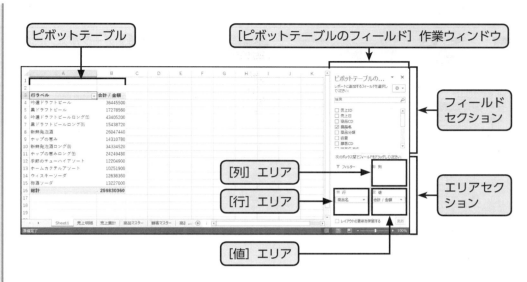

ピボットテーブルにフィールドを配置または追加するには、フィールドセクションの [レポートに追加するフィールドを選択してください] ボックスからフィールドをドラッグし、エリアセクションの各領域 (ボックス内) にドラッグします。または、フィールドのチェックボックスのオン/オフを切り替えます。

■ ピボットテーブルの構成要素
ピボットテーブルの構成要素は次の図のとおりです。

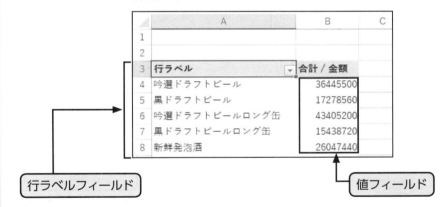

エリアセクションの各領域に配置したフィールドが、ピボットテーブルのフィールドとして表示されます。

操作 おすすめピボットテーブルを使用してピボットテーブルを作成する

ブック「売上分析」のシート「売上明細」のデータを基に、新規ワークシートにおすすめピボットテーブルを使用してピボットテーブルを作成しましょう。

Step 1 [保存用] フォルダーのブック「売上分析」を開き、シート「売上明細」をアクティブにします。この章から学習を開始する場合は、[Excel2019応用] フォルダーのブック「6章　売上分析」を開き、シート「売上明細」をアクティブにします。

Step 2 3行目から7行目を削除します。

第6章　ピボットテーブルとピボットグラフ　　*181*

Step 3 [おすすめピボットテーブル] ダイアログボックスを開きます。

❶ データが入力されている3行目以下の任意のセルをアクティブにします。

❷ [挿入] タブをクリックします。

❸ [おすすめピボットテーブル] ボタンをクリックします。

Step 4 ピボットテーブルを作成します。

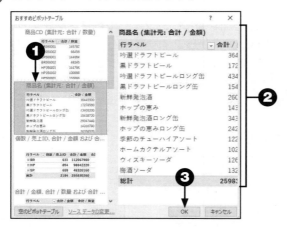

❶ [商品名（集計元：合計/金額)] をクリックします。

❷ プレビューでイメージを確認します。

❸ [OK] をクリックします。

Step 5 ピボットテーブルが作成されたことを確認します。

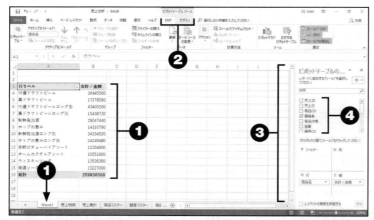

❶ 新しいワークシート（Sheet1）が挿入され、選択したピボットテーブルが作成されていることを確認します。

❷ [分析] タブと [デザイン] タブが表示されていることを確認します。

❸ [ピボットテーブルのフィールド] 作業ウィンドウが表示されていることを確認します。

❹ フィールドセクションに、テーブルの列見出しに該当するフィールドが表示されていることを確認します。

💡 **ヒント** [ピボットテーブルのフィールド] 作業ウィンドウ

[ピボットテーブルのフィールド] 作業ウィンドウが表示されない場合は、[分析] タブの [フィールドリスト] ボタンをクリックします。

ヒント 「商品名」フィールドの並び順
「商品名」フィールドを選択してピボットテーブルを作成すると、ユーザー設定リストで登録した順序に並んでレイアウトされます。

ヒント ピボットテーブルの基データを確認するには
ピボットテーブルを作成後、ピボットテーブルの基データを確認するには、[分析] タブの [データソースの変更] ボタンの一覧の [データソースの変更] をクリックして、[ピボットテーブルのデータソースの変更] ダイアログボックスを開きます。
[テーブルまたは範囲を選択] の [テーブル/範囲] ボックスにピボットテーブルの基データが表示されます。
テーブルを基にピボットテーブルを作成した場合は、[テーブル/範囲] ボックスにテーブル名が表示されます。テーブル名は、[テーブルツール] の [デザイン] タブにある、[テーブル名] ボックスで確認することができます。

操作 ピボットテーブルにフィールドを追加する

ピボットテーブルに「売上日」フィールドを追加しましょう。

Step 1 ピボットテーブルにフィールドを追加します。

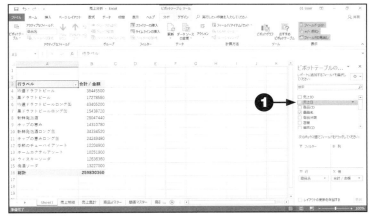

❶ [売上日] チェックボックスをオンにします。

ヒント フィールドの追加
各フィールドをエリアセクションの各エリアにドラッグしても、フィールドを追加することができます。

Step 2 ピボットテーブルにフィールドが追加されたことを確認します。

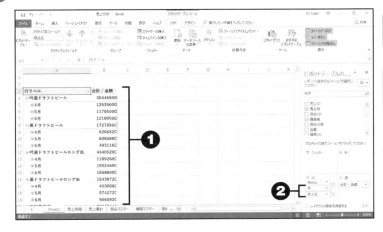

❶ 商品名ごとに、月別に金額が集計されたことを確認します。

❷ エリアセクションの [行] エリアに [月] と [売上日] が追加されていることを確認します。

用語 エリアセクション
[ピボットテーブルのフィールド] 作業ウィンドウの「次のボックス間でフィールドをドラッグしてください」という見出しから下の部分を「エリアセクション」と呼びます。

第6章 ピボットテーブルとピボットグラフ *183*

ヒント 配置したフィールドの削除

フィールドを削除するには、エリアセクションでフィールド名をクリックして [フィールドの削除] をクリックするか、フィールドセクションでフィールド名の左端にあるチェックボックスをオフにします。

ヒント 日付のフィールドのグループ化

売上日など、日付のフィールドをピボットテーブルに追加すると、月などの単位で自動的にグループ化されます。日付フィールドに蓄積されているデータの期間により、グループ化される単位が変わります。例えば、[売上日] フィールドに 2 年分のデータが蓄積されている場合は、年や四半期でもグループ化されます。

ヒント [値] エリアのフィールドの集計方法

[値] エリアに数値をレイアウトすると、既定では数値の合計を集計して表示されます。文字や日付をレイアウトすると、既定ではデータの個数を集計して表示されます。

ヒント 空のピボットテーブルを作成してフィールドを配置するには

最初から作成したいピボットテーブルのイメージが決まっている場合には、空のピボットテーブルを作成してフィールドを配置します。

空のピボットテーブルを作成する手順は以下のとおりです。

1. データが入力されているテーブルまたはセル範囲をアクティブにします。
2. [挿入] タブの [ピボットテーブル] ボタンをクリックします。
3. [ピボットテーブルの作成] ダイアログボックスで、分析するデータとピボットテーブルの作成先を選択し、[OK] をクリックします。

4. 空のピボットテーブルが作成されます。

空のピボットテーブルにフィールドを配置するには、[ピボットテーブルのフィールド] 作業ウィンドウのフィールドセクションで、ピボットテーブルに配置したいフィールドのチェックボックスをオンにするか、フィールドをエリアセクションにドラッグします。

ピボットテーブルを使用した分析

作成したピボットテーブルの設定を変更すると、さまざまな角度からデータを分析することができます。

■ レイアウトの変更

ピボットテーブルを作成した後でも、データの分析に使用するフィールドの追加や、[行]エリア、[列]エリアのフィールドの入れ替えによるレイアウト変更が簡単にできます。フィールドを追加することで別の切り口で分析することができます。また、レイアウト変更をすることで簡単に別のクロス集計表に作り替えることができます。

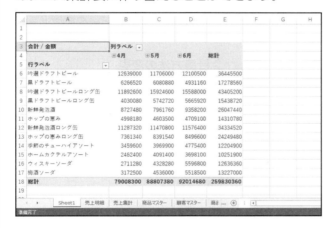

■ タイムライン

時系列でピボットテーブルのデータを絞り込むためのフィルター機能として「タイムライン」があります。タイムラインを使うと、表示するデータを月単位で絞り込んだり、日付ごとでデータを絞り込んだりすることができます。

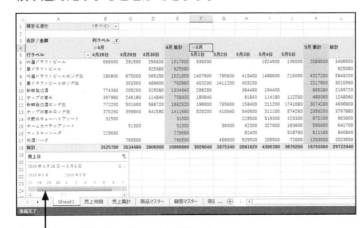

4/28から5/5のデータで絞り込み

第6章 ピボットテーブルとピボットグラフ

■ スライサー

「スライサー」を追加すると、ボタンをクリックするだけで、簡単にデータを絞り込んで表示することができます。スライサーとは、ピボットテーブルのデータを絞り込むためにフィルター機能を使いやすくしたものです。集計対象となるデータをボタンとして表示し、ボタンをクリックするだけで集計結果を切り替えることができます。

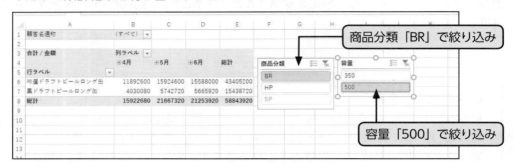

■ データのグループ化や計算方法の変更

基となるデータベースの表の値を変えずに、ピボットテーブルのデータのグループ化の単位や計算方法を変更することができます。

1.グループ化

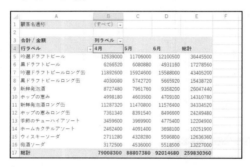

2.計算方法の変更

1. 日付のフィールドは自動的にグループ化されますが、分析に必要なデータを特定の間隔だけにグループ化して表示することができます。
2. 値フィールドの集計結果の計算の種類を変更して、全体に対する比率や、特定の基準値に対する比率などを表示することができます。

■ データの内訳を表示

ピボットテーブルのアイテムを展開して、データの内訳を表示することができます。

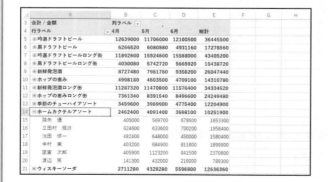

また、ピボットテーブルに集計された基データを明細データとして別のシートに表示することもできます。集計結果の明細を確認するときなどに使うと便利です。

	A	B	C	D	E	F	G	H	I	J	K	L	M	N	O
1	売上ID	売上日	商品CD	商品名	商品分類	容量	顧客CD	顧客名通称	業種	エリア	担当部署	担当営業	数量	単価	金額
2	R000543	2019/4/23	SP350002	ホームカクSP		350	C0010	ヨニー	スーパー	広域	流通1課	渡辺 篤	168	150	25200
3	R000490	2019/4/21	SP350002	ホームカクSP		350	C0010	ヨニー	スーパー	広域	流通1課	渡辺 篤	210	150	31500
4	R000183	2019/4/8	SP350002	ホームカクSP		350	C0010	ヨニー	スーパー	広域	流通1課	渡辺 篤	168	150	25200
5	R000069	2019/4/3	SP350002	ホームカクSP		350	C0004	ダイオー	スーパー	広域	流通1課	渡辺 篤	396	150	59400

レイアウトの変更とデータの絞り込み

ピボットテーブルの行ラベルや列ラベルのフィールドは、後から簡単に移動や追加および削除ができます。そのため、切り口の異なる分析対象を自由に増やしたり減らしたりすることができます。また、レポートフィルターに分析対象のデータをレイアウトしたり、ピボットテーブルにタイムラインやスライサーを挿入したりすると、ピボットテーブルに表示するデータを絞り込むことができます。

操作☞ フィールドを移動する

ピボットテーブルの [行] エリアの [月] フィールドと [売上日] フィールドを [列] エリアに移動し、ピボットテーブルのレイアウトを変更してデータを別の視点から分析しましょう。

Step 1 [月] フィールドを [列] エリアに移動します。

❶ [ピボットテーブルのフィールド] 作業ウィンドウのエリアセクションで、[行] エリアの [月] フィールドを [列] エリアにドラッグします。

Step 2 [月] フィールドが [列] エリアに移動したことを確認します。

第6章 ピボットテーブルとピボットグラフ　187

Step 3 同様に[売上日]フィールドを[列]エリアに移動します。

💡ヒント レイアウト変更時のマウスポインターの形

エリアセクションでフィールド名をドラッグしてレイアウトを変更する場合、ドラッグ中に表示されるマウスポインターの形で移動先を確認できます。

移動先	マウスポインターの形
[行]エリア	商品名
[列]エリア	売上日
[値]エリア	金額
[フィルター]エリア	顧客名称
エリア外 (フィールドの削除)	合計/金額 ✕

💡ヒント 特定のアイテムの絞り込み

行ラベル（または列ラベル）の▼をクリックし、一覧のチェックボックスのオン/オフを切り替えて[OK]をクリックすると、ピボットテーブルに表示するデータを特定のアイテムだけに絞り込むことができます。

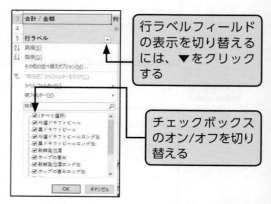

行ラベルフィールドの表示を切り替えるには、▼をクリックする

チェックボックスのオン/オフを切り替える

操作 [フィルター] エリアにフィールドを追加する

ピボットテーブルでは、データを絞り込んで表示したいフィールドを追加することができます。[フィルター] エリアに「顧客名通称」フィールドを追加し、指定した顧客 (ドンキー) のデータだけを表示しましょう。

Step 1 ピボットテーブルに「顧客名通称」フィールドを追加します。

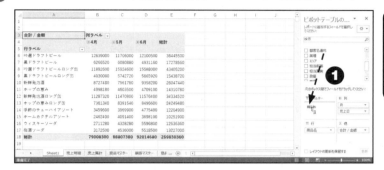

❶ [ピボットテーブルのフィールド] 作業ウィンドウのフィールドセクションで[顧客名通称]をポイントし、エリアセクションの[フィルター] エリアにドラッグします。

Step 2 ピボットテーブルに表示するデータを切り替えます。

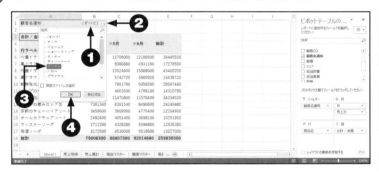

❶「顧客名通称」フィールドが追加され、「(すべて)」と表示されていることを確認します。

❷ レポートフィルターエリアの「(すべて)」と表示されているセル (セルB1) の▼をクリックします。

❸ [ドンキー] をクリックします。

❹ [OK] をクリックします。

Step 3 「ドンキー」のデータだけが表示されたことを確認します。

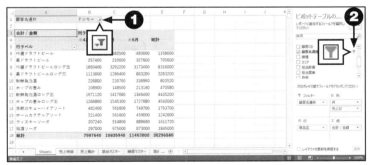

❶ レポートフィルターエリアの「ドンキー」と表示されているセル (セルB1) のボタンにフィルターのアイコンが表示されていることを確認します。

❷ フィールドセクションの[顧客名通称]の右端にフィルターのアイコンが表示されていることを確認します。

Step 4 同様に、他の顧客のデータを表示して確認します。

Step 5 レポートフィルターエリアの右端の▼フィルターのボタンをクリックし、一覧の [(すべて)] をクリックし、[OK] をクリックしてすべての顧客のデータを表示します。

第 6 章 ピボットテーブルとピボットグラフ **189**

ヒント　複数のアイテムで絞り込むには

レポートフィルターエリアで複数のアイテムを絞り込むには、［複数のアイテムを選択］チェックボックスをオンにします。各項目の左側にチェックボックスが表示されるので、チェックボックスをオンにして複数のアイテムで絞り込みます。

ヒント　レポートフィルターの項目ごとにワークシートを作成

レポートフィルターエリアにレイアウトした項目ごとにワークシートを作成し、データを分けて表示することができます。操作の手順は次のとおりです。

1. ピボットテーブル内のセルがアクティブになっていることを確認し、［分析］タブをクリックします。
2. ［ピボットテーブル］ボタンをクリックし、［オプション］ボタンの▼の［レポートフィルターページの表示］をクリックして、［レポートフィルターページの表示］ダイアログボックスを開きます。
3. ［レポートフィルターページフィールド］ボックスで、ページ（ワークシート）ごとに表示したい項目（ここでは［顧客名通称］）をクリックし、［OK］をクリックします。
4. レポートフィルターエリアにレイアウトした項目ごとにワークシートが作成されます。

操作　タイムラインで絞り込む

タイムラインを使用してデータを絞り込みます。タイムラインが表示されていることにより、売上日の絞り込み状況をひと目で確認することができます。

Step 1 ［タイムラインの挿入］ダイアログボックスを開きます。

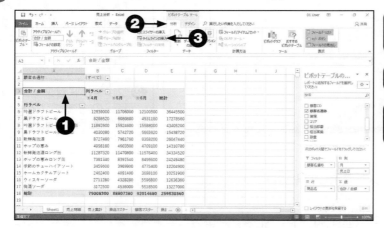

❶ ピボットテーブルの任意のセルをクリックしてアクティブにします。

❷ ［分析］タブをクリックします。

❸ ［タイムラインの挿入］ボタンをクリックします。

Step 2 タイムラインを挿入します。

① [売上日] チェックボックスをオンにします。

② [OK] をクリックします。

Step 3 画面の表示倍率を80%に縮小します。

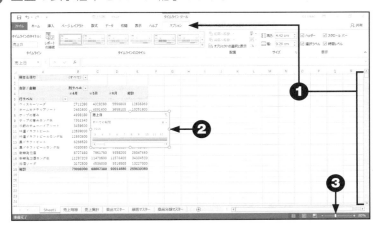

① [ピボットテーブルのフィールド] 作業ウィンドウが非表示になり、[オプション] タブが表示されていることを確認します。

② タイムライン[売上日] が挿入されたことを確認します。

③ 画像表示の倍率を80%に変更します。

Step 4 タイムラインで5月のデータで絞り込みます。

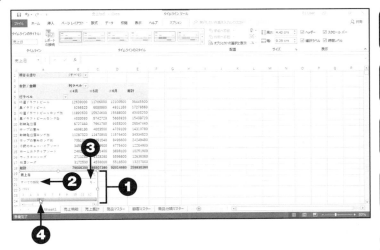

① ピボットテーブルの下にタイムラインを移動します。

② [すべての期間] と表示されていることを確認します。

③ [月] と表示されていることを確認します。

④ タイムライン[売上日] の5月の部分をクリックします。

💡 **ヒント**
タイムラインの移動
タイムラインを移動するには、タイムラインのヘッダー（[売上日]）をポイントしてドラッグします。

第6章 ピボットテーブルとピボットグラフ

Step 5 ピボットテーブルが5月のデータで絞り込まれたことを確認します。

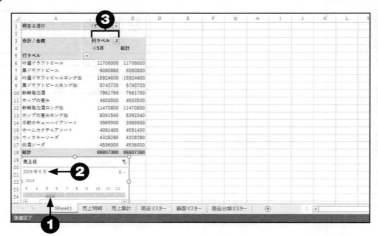

❶ 絞り込んだタイムラインの期間の色が濃くなっていることを確認します。

❷ [2019年5月] と表示されていることを確認します。

❸ ピボットテーブルのデータが5月に絞り込まれていることを確認します。

Step 6 タイムラインの絞り込みを解除します。

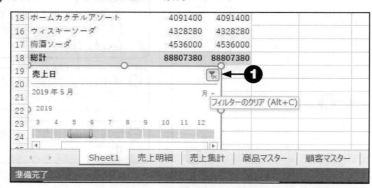

❶ タイムラインのヘッダーの[フィルターのクリア]ボタンをクリックします。

Step 7 タイムラインの時間レベルを変更します。

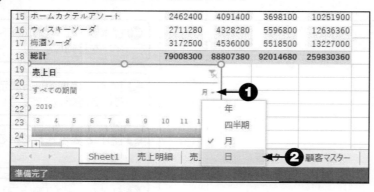

❶ タイムラインの[月]の▼をクリックします。

❷ [日] をクリックします。

💡 **ヒント**
時間レベル
タイムラインに表示する期間の単位を「時間レベル」といいます。時間レベルを変更すると、タイムラインに表示する期間を切り替えることができます。

Step 8 特定の期間のデータに絞り込みます。

❶ タイムライン下のスクロールバーを左にスクロールします。

❷ タイムラインの[4月28日]から[5月5日]までドラッグします。

Step 9 ピボットテーブルが4月28日から5月5日のデータに絞り込まれたことを確認します。

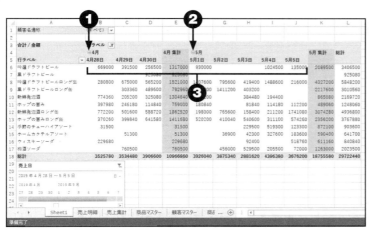

❶ 4月の⊞展開ボタンをクリックして内訳を表示します。

❷ 5月の⊞展開ボタンをクリックして内訳を表示します。

❸ 4月28日から5月5日のデータが表示されていることを確認します。

💡 ヒント
ピボットテーブルの展開と折りたたみ
[売上日] フィールドのように、グループ化されているフィールドの内訳を確認する場合は、⊞展開ボタンをクリックします。内訳を非表示にするには、⊟折りたたみボタンをクリックします。

Step 10 ピボットテーブルの [4月] と [5月] の ⊟折りたたみボタンをクリックして内訳を非表示にします。

Step 11 タイムラインのヘッダーの 📅 [フィルターのクリア] ボタンをクリックしてタイムラインの絞り込みを解除します。

Step 12 タイムラインの [売上日] を削除します。

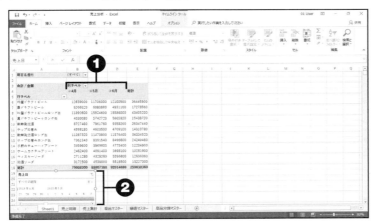

❶ タイムライン[売上日] での絞り込みが解除されたことを確認します。

❷ タイムライン [売上日] をクリックし、ハンドルが表示されていることを確認します。

❸ Deleteキーを押します。

Step 13 タイムライン [売上日] が削除されたことを確認します。

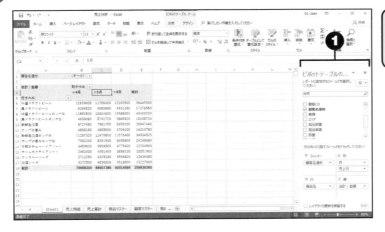

❶ [ピボットテーブルのフィールド] 作業ウィンドウが表示されたことを確認します。

💡ヒント タイムラインの書式設定

タイムラインを挿入すると、[オプション]タブが表示されます。タイムラインのタイトルの変更や、タイムラインのスタイルなどの書式設定を行うことができます。

操作☞ スライサーで絞り込む

スライサーを使用してデータを絞り込みます。スライサーが表示されていることにより、データの絞り込み状況をひと目で確認することができます。

Step 1 [スライサーの挿入]ダイアログボックスを開きます。

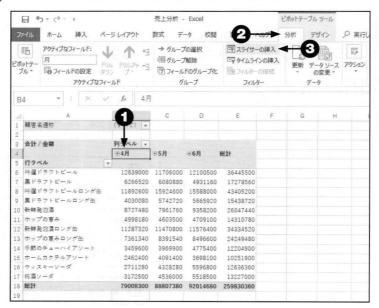

❶ ピボットテーブルの任意のセルをクリックしてアクティブにします。

❷ [分析]タブをクリックします。

❸ [スライサーの挿入]ボタンをクリックします。

Step 2 スライサーを挿入します。

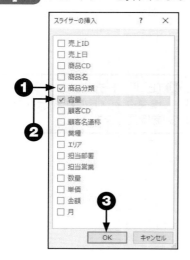

❶ [商品分類]チェックボックスをオンにします。

❷ [容量]チェックボックスをオンにします。

❸ [OK]をクリックします。

Step 3 スライサーが挿入されたことを確認します。

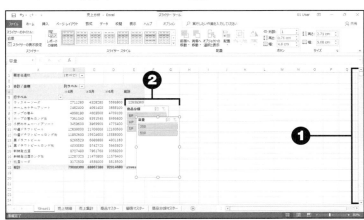

❶ [ピボットテーブルのフィールド] 作業ウィンドウが非表示になったことを確認します。

❷ スライサー[商品分類]とスライサー[容量]が挿入されたことを確認します。

Step 4 スライサーでデータを絞り込みます。

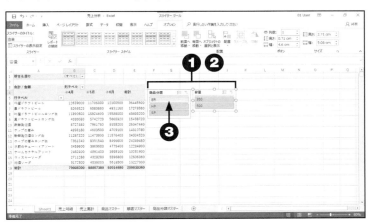

❶ スライサーの項目がバランスよく表示されるようにスライサーのサイズを小さくします。

❷ スライサーを表の右側に移動します。

❸ スライサー[商品分類]の[BR]をクリックします。

💡 ヒント
スライサーのサイズ変更と移動

スライサーのサイズを変更するには、スライサーのサイズ調整ハンドルをドラッグします。スライサーを移動するにはスライサーのヘッダー([商品分類]など)をポイントしてドラッグします。

Step 5 商品分類が[BR](ビール)のデータに絞り込まれたことを確認します。

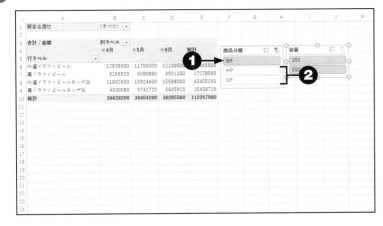

❶ 絞り込んだスライサーの項目の色が濃くなっていることを確認します。

❷ その他のスライサーの項目の色が淡い色になっていることを確認します。

💡 ヒント
スライサーの項目を複数選択

スライサーの項目を複数選択するには、スライサーのヘッダーの[複数選択]ボタンをクリックして項目をクリックするか、**Ctrl**キーを押しながら、選択したい項目を一つずつクリックします。

第6章 ピボットテーブルとピボットグラフ

Step 6 さらにスライサーで絞り込みます。

❶ スライサー [容量] の [500] をクリックします。

Step 7 さらに容量が [500] のデータに絞り込まれたことを確認します。

Step 8 スライサー [商品分類] の絞り込みを解除します。

❶ スライサーのヘッダーの [フィルターのクリア] ボタンをクリックします。

Step 9 スライサー [商品分類] の絞り込みが解除されたことを確認します。

Step 10 同様にして、スライサー [容量] の絞り込みを解除します。

Step 11 スライサー[商品分類]を削除します。

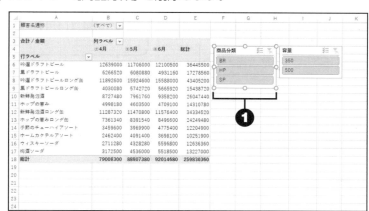

❶ スライサー[商品分類]をクリックし、ハンドルが表示されていることを確認します。

❷ Deleteキーを押します。

Step 12 スライサー[商品分類]が削除されたことを確認します。

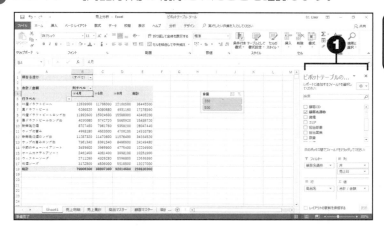

❶ [ピボットテーブルのフィールド]作業ウィンドウが表示されたことを確認します。

Step 13 同様にして、スライサー[容量]を削除し、画面の表示倍率を100%に拡大します。

データのグループ化や計算方法の変更

ピボットテーブルで日付のフィールドは自動的にグループ化されますが、グループ化の単位を変更することができます。また、合計金額で集計されているデータを、売上比率で計算したりすることができます。ここでは、データのグループ化の単位の変更と、計算の種類の変更を行います。

操作☞ フィールドのグループ化の単位を変更する

[売上日]フィールドのグループ化の単位を変更し、月単位だけで集計しましょう。

Step 1 [グループ化] ダイアログボックスを開きます。

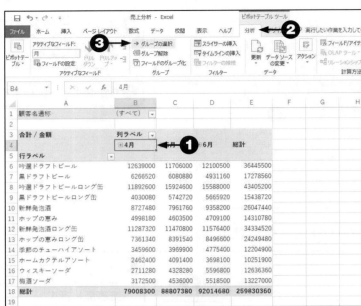

❶ セルB4（[4月]）をクリックします。

❷ [分析] タブをクリックします。

❸ [グループの選択] ボタンをクリックします。

💡 ヒント
セルの選択
グループ化されたフィールドのセルであれば、どのセルを選択してもかまいません。

Step 2 グループ化の単位を変更します。

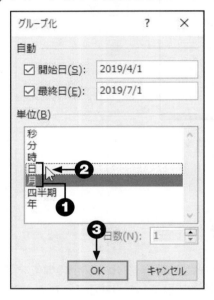

❶ [単位] ボックスの[日] と[月] が選択されていることを確認します。

❷ [日] をクリックして選択を解除します。

❸ [OK] をクリックします。

💡 ヒント
グループ化の基準
[グループ化] ダイアログボックスに表示される項目は、データの種類によって変わります。日付および時刻データの場合は、日付や時刻の単位が、数値データの場合は、数値をグループ化する単位（100、1000など）が表示されます。

Step 3 商品別の売上金額が月単位だけで集計されたことを確認します。

	A	B	C	D	E	F	G
1	顧客名通称	(すべて)					
2							
3	合計 / 金額	列ラベル					
4	行ラベル	4月	5月	6月	総計		
5	吟選ドラフトビール	12639000	11706000	12100500	36445500		
6	黒ドラフトビール	6266520	6080880	4931160	17278560		
7	吟選ドラフトビールロング缶	11892600	15924600	15588000	43405200		
8	黒ドラフトビールロング缶	4030080	5742720	5665920	15438720		
9	新鮮発泡酒	8727480	7961760	9358200	26047440		
10	ホップの恵み	4998180	4603500	4709100	14310780		
11	新鮮発泡酒ロング缶	11287320	11470800	11576400	34334520		
12	ホップの恵みロング缶	7361340	8391540	8496600	24249480		
13	季節のチューハイアソート	3459600	3969900	4775400	12204900		
14	ホームカクテルアソート	2462400	4091400	3698100	10251900		
15	ウィスキーソーダ	2711280	4328280	5596800	12636360		
16	梅酒ソーダ	3172500	4536000	5518500	13227000		
17	総計	79008300	88807380	92014680	259830360		

操作 ☞ 計算の種類を変更する

金額の計算の種類を変更し、各商品の月ごとの売上比率を計算しましょう。

Step 1 [値フィールドの設定] ダイアログボックスを開きます。

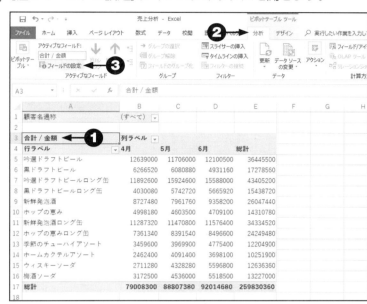

❶ セルA3（[合計/金額]）をクリックします。

❷ [分析] タブが選択されていることを確認します。

❸ [フィールドの設定] ボタンをクリックします。

💡 ヒント
セルの選択
計算方法を変更したい値が入っている箇所であれば、どのセルを選択して操作してもかまいません。

Step 2 計算の種類を変更します。

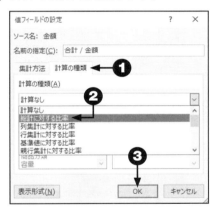

❶ [計算の種類] タブをクリックします。

❷ [計算の種類] ボックスの▼をクリックし、一覧の [総計に対する比率] をクリックします。

❸ [OK] をクリックします。

Step 3 各商品の総計に対する売上比率が計算されたことを確認します。

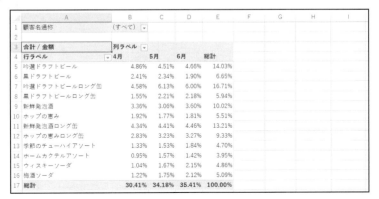

Step 4 [分析] タブの [フィールドの設定] ボタンをクリックして [値フィールドの設定] ダイアログボックスを開きます。

Step 5 計算の種類を元に戻します。

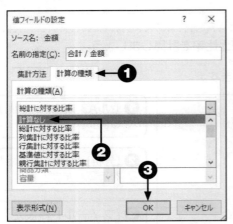

❶ [計算の種類] タブをクリックします。

❷ [計算の種類] ボックスの▼をクリックし、一覧の [計算なし] をクリックします。

❸ [OK] をクリックします。

Step 6 商品別と月別の売上金額の合計の表示に戻ったことを確認します。

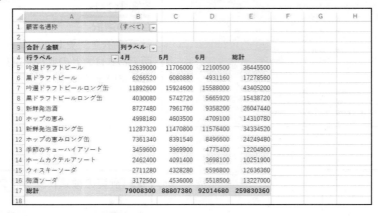

💡 ヒント　集計方法

[値フィールドの設定] ダイアログボックスの [集計方法] タブでは、ピボットテーブルの集計方法を変更することができます。

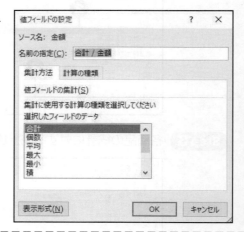

200　ピボットテーブルを使用した分析

ヒント　エリアの名前の変更

［ピボットテーブルのフィールド］作業ウィンドウのエリアセクションの［行］エリアや［列］エリアにフィールドを配置すると、ピボットテーブル内に［行ラベル］や［列ラベル］などエリアの名前が表示されます。この名前はわかりやすいものに変更することができます。たとえば、［列ラベル］を［売上月］に変更するには、［列ラベル］と表示されているセル（ここではB3）をクリックし、「売上月」と入力して**Enter**キーを押します。

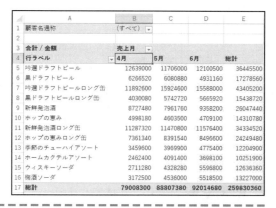

データの詳細な表示

ピボットテーブルでは、分析したいフィールドを掘り下げてデータの詳細を表示することができます。また、集計値の基データの明細行を表示することもできます。

操作　フィールドを掘り下げて表示する

現在表示されているフィールドに、さらに掘り下げて確認したいフィールドを追加します。行ラベルフィールドに配置されている「商品名」フィールドの内訳に、「担当営業」フィールドを追加しましょう。

Step 1 ［詳細データの表示］ダイアログボックスを開きます。

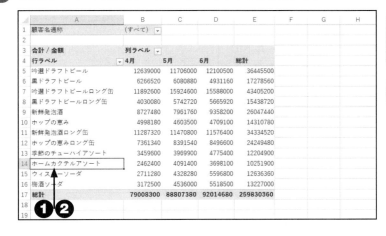

❶ 行ラベルに配置されている「ホームカクテルアソート」のセル（セルA14）をアクティブにします。

❷ ダブルクリックします。

第 6 章　ピボットテーブルとピボットグラフ　201

Step 2 詳細データとして追加するフィールドを指定します。

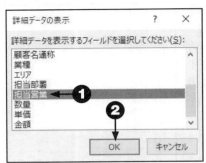

❶ [詳細データを表示するフィールドを選択してください] ボックスの [担当営業] をクリックします。

❷ [OK] をクリックします。

Step 3 [商品名] の内訳に [担当営業] が追加されたことを確認します。

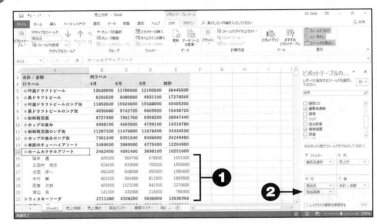

❶ 担当営業ごとにデータが表示されていることを確認します。

❷ エリアセクションの[行] エリアに [担当営業] が追加されていることを確認します。

💡 ヒント
内訳として表示するフィールドの追加
内訳として追加するフィールドは、エリアセクションにドラッグして追加することもできます。

💡 ヒント
フィールドの展開と折りたたみ

ピボットテーブルのフィールドに内訳のフィールドを追加すると、そのアイテムの左側に ➕ 展開ボタンと ➖ 折りたたみボタンが表示されます。展開ボタンをクリックするとフィールドの内訳が表示されます。フィールドの内訳を非表示にするときは、折りたたみボタンをクリックします。
また、フィールド全体の内訳の展開と折りたたみを行うには、フィールドを右クリックし、ショートカットメニューの [展開/折りたたみ] をポイントし、[フィールド全体の展開] または [フィールド全体の折りたたみ] をクリックします。

💡 ヒント
内訳として追加したフィールドの削除

内訳として追加したフィールドは、[ピボットテーブルのフィールド] 作業ウィンドウに追加されています。フィールドを削除するには、フィールドセクションで、フィールド名の左端にあるチェックボックスをオフにします。

操作 集計の基データを明細行で表示する

ピボットテーブルの集計の基データを、明細行として別のワークシートに表示することができます。シート「Sheet1」のホームカクテルアソートの、渡辺 篤の4月の売上の詳細データを表示しましょう。

Step 1 集計の基データの詳細を表示します。

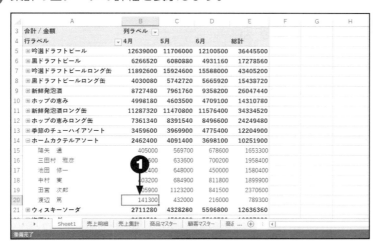

❶ ホームカクテルアソートの渡辺篤の4月の売上のセルB20をダブルクリックします。

Step 2 範囲選択を解除して、集計データの詳細が表示されていることを確認します。

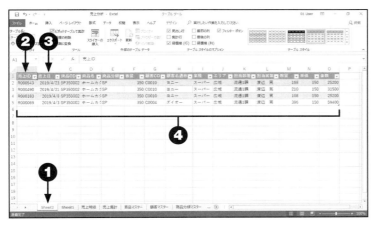

❶ 新しいワークシート（Sheet2）が作成されたことを確認します。

❷ 任意のセルをクリックして、範囲選択を解除します。

❸ 列Bの列幅を自動調整します。

❹ シート「Sheet1」のセルB20の詳細データが表示されていることを確認します。

第 6 章　ピボットテーブルとピボットグラフ　*203*

ピボットテーブルの更新

ピボットテーブルは、基のデータベースと連動していますが、データが自動的に更新されるわけではありません。基のデータベースの値が変更された場合は、ピボットテーブルを手動で更新する必要があります。

操作 ピボットテーブルのデータを更新する

ピボットテーブルの基のデータベースのデータを変更し、ピボットテーブルのデータを更新しましょう。ここでは、シート「売上明細」の4月3日のホームカクテルアソートの、ダイオーの渡辺　篤の数量を変更し、ピボットテーブルのデータを更新しましょう。

Step 1 シート「Sheet1」のホームカクテルアソートの4月の渡辺　篤の数量を確認します。

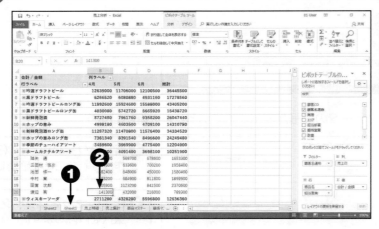

❶ シート見出し「Sheet1」をクリックします。

❷ セルB20に「141300」と表示されていることを確認します。

Step 2 シート「売上明細」をアクティブにします。

Step 3 4月3日のホームカクテルアソートのダイオーの渡辺　篤の数量を変更します。

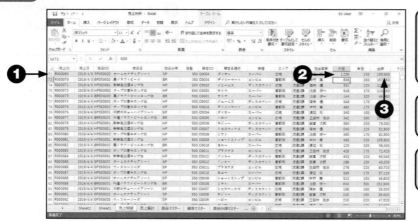

❶ 4月3日のホームカクテルアソートのデータが表示されるまで、72行目が先頭になるようにスクロールします。

❷ セルM72に「1200」と入力して、**Enter**キーを押します。

❸ 金額が再計算され、「180,000」と表示されます。

Step 4 シート「Sheet1」をアクティブにします。

Step 5 ピボットテーブルのデータを更新します。

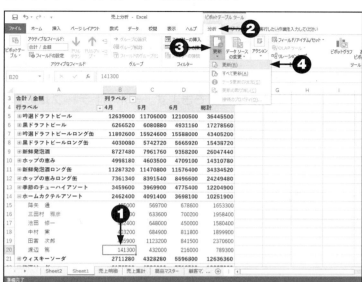

❶ セルB20に「141300」と表示されていることを確認します。

❷ [分析] タブをクリックします。

❸ [更新] ボタンの▼をクリックします。

❹ [更新] をクリックします。

Step 6 4月のホームカクテルアソートの渡辺　篤のデータが更新されたことを確認します。

❶ セルB20のデータが「261900」に更新されていることを確認します。

💡 ヒント

集計値の内訳を表示したデータの更新

ピボットテーブルの集計値の内訳を明細行として表示したシート（ここではシート「Sheet2」）の値には、[更新] ボタンをクリックしても更新結果は反映されません。

ピボットテーブルの書式設定

作成したピボットテーブルに書式を設定することができます。ピボットテーブルの書式には、ピボットテーブルのフィールドの書式とピボットテーブル全体の書式があります。

■ **ピボットテーブルフィールドの書式**
ピボットテーブルのフィールドの書式の1つに、セルの表示形式があります。セルの表示形式を設定する手順は次のとおりです。
1. [分析] タブの [フィールドの設定] ボタンをクリックして、[値フィールドの設定] ダイアログボックスを開きます。
2. [値フィールドの設定] ダイアログボックスの [表示形式] をクリックして、[セルの書式設定] ダイアログボックスを開きます。
3. [セルの書式設定] ダイアログボックスで表示形式を設定します。

■ **ピボットテーブル全体の書式**
ピボットテーブルを作成すると自動的にピボットテーブルスタイルが設定されますが、必要に応じて変更することができます。
ピボットテーブル全体に書式を設定する場合は [デザイン] タブを使います。
・[ピボットテーブルスタイル] グループでピボットテーブル全体の書式を簡単に見栄え良く設定できます。
・[ピボットテーブルスタイルのオプション] グループでピボットテーブルのデザインをカスタマイズできます。
・[レイアウト] グループの各ボタンを使ってピボットテーブルのレイアウトをカスタマイズできます。

操作 フィールドに表示形式を設定する

ピボットテーブル内の任意のセルを選択して、[フィールドの設定] ボタンを使用すると、ピボットテーブルのフィールド全体に書式を設定することができます。値フィールドの金額に、桁区切りのカンマ (,) の表示形式を設定しましょう。

Step 1 セルA14の ■ 折りたたみボタンをクリックして、[商品名] フィールドの [ホームカクテルアソート] の内訳を折りたたみます。

Step 2 [値フィールドの設定] ダイアログボックスを開きます。

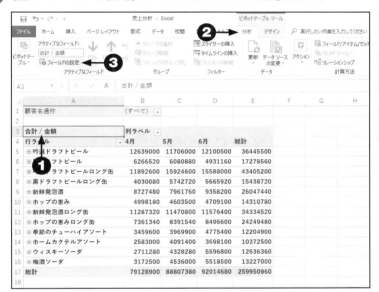

❶ セルA3をクリックします。

❷ [分析] タブが選択されていることを確認します。

❸ [フィールドの設定] ボタンをクリックします。

Step 3 [セルの書式設定] ダイアログボックスを開きます。

❶ [表示形式] をクリックします。

第 6 章 ピボットテーブルとピボットグラフ　*207*

Step 4 値フィールドの表示形式を設定します。

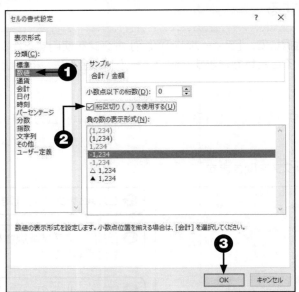

❶ [分類] ボックスの [数値] をクリックします。

❷ [桁区切り (,) を使用する] チェックボックスをオンにします。

❸ [OK] をクリックします。

Step 5 [OK] をクリックして [値フィールドの設定] ダイアログボックスを閉じます。

Step 6 値フィールドの金額に、桁区切りのカンマ (,) が設定されたことを確認します。

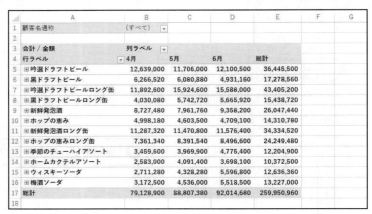

💡 ヒント　フィールドに書式設定を行うその他の方法

ピボットテーブルの値フィールドに桁区切りのカンマ (,) を設定する場合、[ホーム] タブの [桁区切りスタイル] ボタンを使うこともできます。この場合は、桁区切りのカンマ (,) を設定したい範囲をすべて選択する必要があります。

操作 ピボットテーブルスタイルを設定する

ピボットテーブルスタイルを使って、ピボットテーブルに全体に書式を設定しましょう。また、条件付き書式のデータバーも設定しましょう。

Step 1 ピボットテーブルスタイルを変更します。

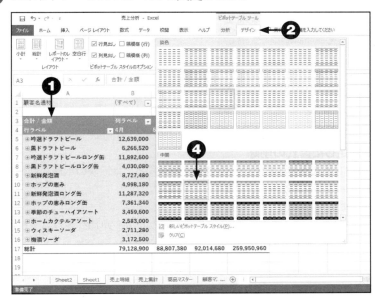

❶ ピボットテーブル内のセルがアクティブになっていることを確認します。

❷ [デザイン] タブをクリックします。

❸ [ピボットテーブルスタイル] の [その他] ボタンをクリックします。

❹ [中間] の [薄い青, ピボットスタイル (中間) 9] をクリックします。

Step 2 ピボットテーブル全体の書式が変更されたことを確認します。

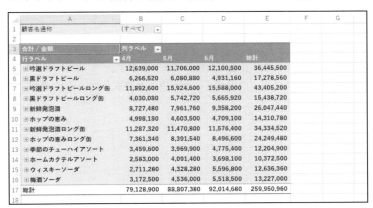

Step 3 4月から6月の金額にデータバーを設定します。

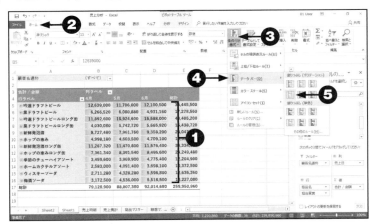

❶ セルB5～D16を範囲選択します。

❷ [ホーム] タブをクリックします。

❸ [条件付き書式] ボタンをクリックします。

❹ [データバー] をポイントします。

❺ [塗りつぶし (グラデーション)] の [オレンジのデータバー] をクリックします。

第6章 ピボットテーブルとピボットグラフ 209

Step 4 範囲選択を解除して、4月から6月の金額にデータバーが設定されたことを確認します。

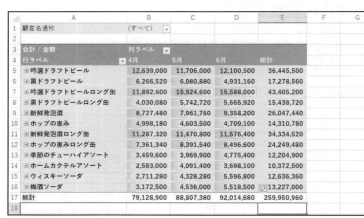

> **ヒント**
> **[書式オプション] ボタン**
> ピボットテーブルの一部を選択して書式を設定すると、[書式オプション] ボタンが表示されます。[書式オプション] ボタンをクリックすると、書式を適用するセル範囲を変更できます。

> **ヒント ピボットテーブルスタイルで設定した書式の削除**
> ピボットテーブルスタイルで設定したピボットテーブルの書式を削除するには、次の手順で操作します。
> 1. 書式を削除したいピボットテーブル内のセルをアクティブにします。
> 2. [デザイン] タブをクリックします。
> 3. [ピボットテーブルスタイル] グループの [その他] ボタンをクリックして [クリア] をクリックします。

> **ヒント 空白セルに0を表示するには**
> セル範囲を基にピボットテーブルを作成していて、集計元のデータベースの値が空白で集計結果が0になった場合、ピボットテーブルには空白で表示されます。
> 空白ではなく0を表示するには、次の手順で操作します。
> 1. ピボットテーブル内のセルをアクティブにします。
> 2. [分析] タブをクリックします。
> 3. [ピボットテーブル] ボタンをクリックし、[オプション] をクリックします。
> 4. [ピボットテーブルオプション] ダイアログボックスの [レイアウトと書式] タブで、[書式] の [空白セルに表示する値] チェックボックスをオフにします。

ピボットテーブルのレイアウトの詳細設定

ピボットテーブルのレイアウトの詳細設定をするには、[デザイン] タブの [レイアウト] グループの各ボタンを使います。ボタンの機能は次のとおりです。

ボタン	設定値	説明
小計	小計を表示しない	レポートのレイアウトがコンパクト形式やアウトライン形式での外側の行ラベルの場合、小計を非表示にします。
	すべての小計をグループの末尾に表示する	レポートのレイアウトがコンパクト形式やアウトライン形式での外側の行ラベルの場合、小計をフィールドのアイテムの下に表示します。
	すべての小計をグループの先頭に表示する	レポートのレイアウトがコンパクト形式やアウトライン形式での外側の行ラベルの場合、小計をフィールドのアイテムの上に表示します。
総計	行と列の集計を行わない	行と列の両方で総計を表示しません。
	行と列の集計を行う	行と列の両方に総計を表示します。
	行のみ集計を行う	行だけに総計を表示します。
	列のみ集計を行う	列だけに総計を表示します。
レポートのレイアウト	コンパクト形式で表示	関連データが画面の横方向にはみ出さず、スクロールが最小限で済むようにします。ピボットテーブルを作成すると、このレイアウトが自動的に適用されます。コンパクト形式では異なるフィールドのアイテムが1つの列内に収まり、列の入れ子関係がわかるようになっています。行ラベルに使用されるスペースが小さいため、より多くの数値データを表示することができます。
	アウトライン形式で表示	ピボットテーブルのデータの概要が表示されます。データの概要は、複数の列の階層で表示されます。
	表形式で表示	すべてのデータが表形式で表示されます。セルを別のワークシートへ簡単にコピーできます。
	アイテムのラベルを繰り返す	アウトライン形式と表形式のときに、アイテムのラベルを繰り返して表示します。
	アイテムのラベルを繰り返さない	アウトライン形式と表形式のときに、アイテムのラベルを先頭にだけ表示します。
空白行	アイテムの後ろに空行を入れる	ピボットテーブル内に空白行を表示します。
	アイテムの後ろの空行を削除する	ピボットテーブル内の空白行を削除します。

第 6 章　ピボットテーブルとピボットグラフ　211

ピボットグラフ

ピボットテーブルのデータを基に、ピボットグラフを作成することができます。ピボットグラフは、ピボットテーブルの多角的な分析機能とグラフの視覚的な効果を組み合わせたものです。また、ピボットグラフはピボットテーブルとリンクしているので、ピボットグラフを変更すると、ピボットテーブルも変更されます。

ピボットグラフには、次のような特徴があります。

■ 対話機能
ピボットグラフを作成すると、グラフを直接確認しながら、分析に必要なフィールドの追加や移動をすることができます。分析の切り口や分析対象を瞬時に変更することができます。

■ グラフの種類
Excelに用意されている多彩なグラフを使用できます。ただし、散布図、バブルチャート、株価チャートを作成することはできません。

■ グラフの更新
ピボットグラフでは、基になるピボットテーブルのデータが変更されると、ピボットグラフのデータも自動的に更新されます。ただし、ピボットテーブルの基になったデータベースのデータが変更されても、ピボットグラフのデータは自動的に更新されません。更新するには、[分析] タブの [更新] ボタンをクリックします。

操作☞ ピボットグラフを作成する

作成したピボットテーブルから、ピボットグラフを作成しましょう。

Step 1 [グラフの挿入] ダイアログボックスを開きます。

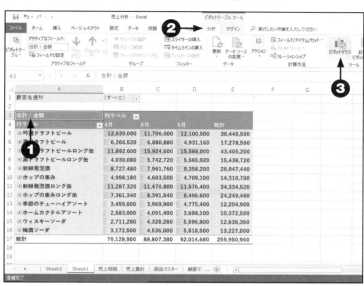

❶ ピボットテーブル内の任意のセルをアクティブにします。

❷ [分析] タブをクリックします。

❸ [ピボットグラフ] ボタンをクリックします。

Step 2 グラフの種類を指定します。

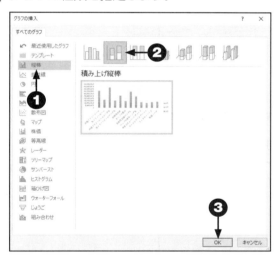

❶ [縦棒] が選択されていることを確認します。

❷ [積み上げ縦棒] をクリックします。

❸ [OK] をクリックします。

Step 3 ピボットグラフが作成されたことを確認します。

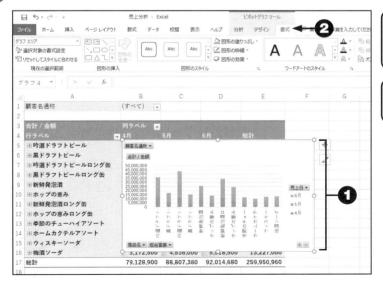

❶ 月別の顧客別商品別売上のピボットグラフが作成されたことを確認します。

❷ 3つのタブが表示されたことを確認します。

第 6 章 ピボットテーブルとピボットグラフ | **213**

Step 4 グラフがピボットテーブルの右側に表示されるように移動します。

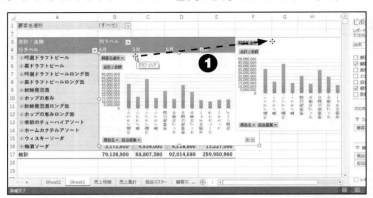

❶ グラフの左上隅がセルF3になるようにドラッグします。

Step 5 グラフのサイズを拡大します。

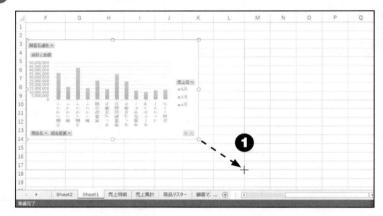

❶ グラフの右下がセルL17になるように、グラフのサイズを拡大します。

Step 6 グラフのサイズが拡大されたことを確認します。

操作 ▶ 指定したアイテムだけを表示する

[商品名] フィールドでアイテムを指定し、季節のチューハイアソート、ホームカクテルアソート、ウィスキーソーダだけのグラフを表示しましょう。結果を確認後、すべてのアイテムを表示しましょう。

Step 1 指定したアイテムだけをグラフに表示します。

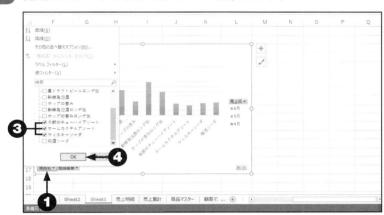

❶ [商品名] フィールドの▼をクリックします。

❷ [すべて選択] チェックボックスをオフにします。

❸ [季節のチューハイアソート]、[ホームカクテルアソート]、[ウィスキーソーダ] の各チェックボックスをオンにします。

❹ [OK] をクリックします。

Step 2 ピボットテーブルとピボットグラフの両方が確認できるように、画面の表示倍率を「80%」に縮小します。

Step 3 指定したアイテムだけがグラフに表示され、ピボットテーブルとリンクしていることを確認します。

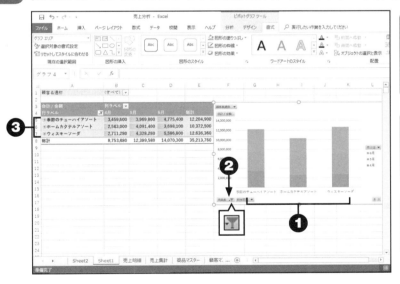

❶ ピボットグラフに、[季節のチューハイアソート]、[ホームカクテルアソート]、[ウィスキーソーダ] のアイテムだけが表示されていることを確認します。

❷ ピボットグラフの [商品名] フィールドのボタンにフィルターのアイコンが表示されていることを確認します。

❸ ピボットテーブルにピボットグラフと同じアイテムだけが表示されていることを確認します。

Step 4 ピボットグラフの [商品名] フィールドの▼をクリックし、[すべて選択] チェックボックスをオンにして [OK] をクリックし、ピボットグラフにすべてのアイテムを表示します。

💡 ヒント　フィールド全体の展開と折りたたみ

ピボットグラフ右下の ➕ [フィールド全体の展開] ボタンを使うと、ピボットグラフの項目（横）軸に配置された
フィールドの内訳をピボットグラフ内に表示することができます。ピボットグラフと連動してピボットテーブルに
も内訳が表示されます。
➖ [フィールド全体の折りたたみ] ボタンを使うと、ピボットグラフの項目（横）軸に配置されたフィールドの内
訳を非表示にすることができます。

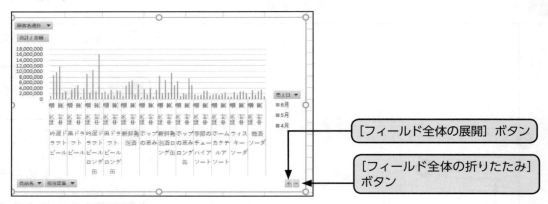

[フィールド全体の展開] ボタン
[フィールド全体の折りたたみ] ボタン

操作 👉 ピボットグラフにフィールドを追加する

ピボットグラフのレポートフィルターに [担当部署] フィールドを追加し、表示する部署を切り替えて、
部署ごとのグラフを表示しましょう。

Step 1 ピボットグラフのレポートフィルターに [担当部署] フィールドを追加します。

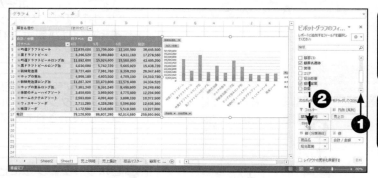

❶ [ピボットグラフのフィールド] 作業ウィンドウのフィールドセクションで、[担当部署] が表示されるまでスクロールします。

❷ [担当部署] をポイントし、エリアセクションの [フィルター] エリアにドラッグします。

Step 2 ピボットグラフとピボットテーブルのレポートフィルターに [担当部署] フィールドが追加されたことを
確認します。

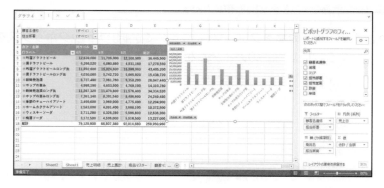

Step 3 流通1課のグラフを表示します。

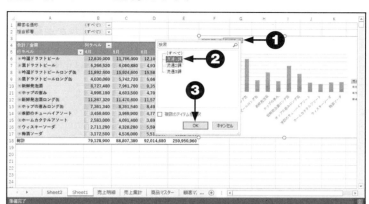

❶ ピボットグラフの [担当部署] フィールドの▼をクリックします。

❷ [流通1課] をクリックします。

❸ [OK] をクリックします。

Step 4 ピボットグラフに流通1課のデータが表示され、ピボットテーブルとリンクしていることを確認します。

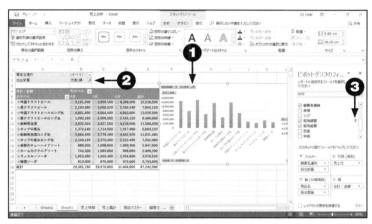

❶ ピボットグラフの [担当部署] フィールドのボタンにフィルターのアイコンが表示されていることを確認します。

❷ ピボットテーブルのレポートフィルターにも担当部署が追加され、[流通1課] と表示されていることを確認します。

❸ フィールドセクションの[担当部署] フィールドにフィルターのアイコンが表示されていることを確認します。

Step 5 それぞれの担当部署のグラフに表示を切り替えて確認します。

Step 6 ピボットグラフの [担当部署] フィールドの▼をクリックし、[(すべて)] をクリックして [OK] をクリックし、すべてのデータを表示します。

Step 7 ブックを [保存用] フォルダーに保存して閉じます。

💡 ヒント　売上傾向の把握

レポートフィルターに担当部署を追加することで、ピボットグラフから視覚的に売上の傾向を把握することができます。流通1課では、吟選ドラフトビールと新鮮発泡酒の売上が多いことが読み取れます。

ヒント **タイムラインとスライサーによる分析**

ピボットグラフでもピボットテーブルと同様の操作でタイムラインとスライサーを挿入することができます。タイムラインやスライサーでデータを絞り込むと、ピボットグラフとピボットテーブルが連動して表示が切り替わります。

［売上日］のタイムラインを挿入し、5月のデータだけを表示すると、次のようになります。

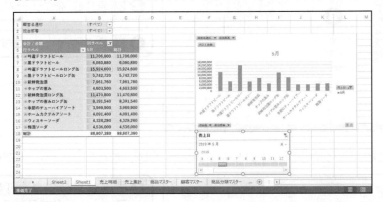

［業種］のスライサーを挿入し、ディスカウントのデータだけを表示すると、次のようになります。

この章の確認

- ☐ ピボットテーブルやピボットグラフがどのようなツールかを理解できましたか？
- ☐ おすすめピボットテーブルを使ってピボットテーブルを作成し、分析に必要なフィールドを追加することができますか？
- ☐ ピボットテーブルのフィールドを移動してレイアウトを変更することができますか？
- ☐ ピボットテーブルのレポートフィルターにフィールドを追加することができますか？
- ☐ ピボットテーブルにタイムラインを挿入してデータを絞り込むことができますか？
- ☐ ピボットテーブルにスライサーを挿入してデータを絞り込むことができますか？
- ☐ ピボットテーブルのフィールドのグループ化の単位を変更することができますか？
- ☐ ピボットテーブルの計算の種類を変更することができますか？
- ☐ ピボットテーブルのフィールドを掘り下げて内訳を表示することができますか？
- ☐ ピボットテーブルの集計元のデータを明細行で表示することができますか？
- ☐ ピボットテーブルのデータを更新することができますか？
- ☐ ピボットテーブルのフィールド、ピボットテーブル全体に書式設定することができますか？
- ☐ ピボットグラフを作成することができますか？
- ☐ ピボットグラフに指定したアイテムだけを表示することができますか？
- ☐ ピボットグラフにフィールドを追加することができますか？

問題 6-1

ピボットテーブルを使って多角的にデータを分析しましょう。

1. [復習問題] フォルダーに保存されているブック「復習6　ワイン類売上分析」を開きましょう。

2. シート「売上分析」のデータを基に、おすすめピボットテーブルを使用して、商品名ごとに受注IDのデータの個数を集計するピボットテーブルを作成しましょう。

3. 作成したピボットテーブルに受注日を追加しましょう。

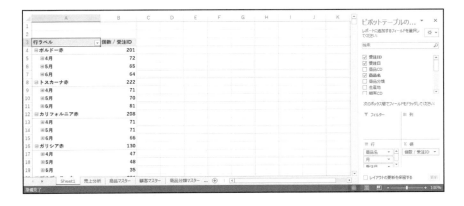

4. ピボットテーブルの［月］フィールドと［受注日］フィールドを［列］エリアに移動し、［値］エリアの［受注ID］フィールドを削除しましょう。その後、［値］エリアに［金額］フィールドを追加しましょう。
   ※フィールドを削除するには、フィールドセクションでフィールド名の左端にあるチェックボックスをオフにします。

5. レポートフィルターに［顧客名通称］フィールドを追加し、「ロジャー」のデータだけを表示しましょう。その後、他の顧客のデータを確認後、すべての顧客データを表示しましょう。

6. ［受注日］フィールドをタイムラインとして挿入し、受注日が4月のデータを表示しましょう。その後、時間レベルを［日］に変更し、4月1日から4月7日のデータに絞り込んで受注日のデータの内訳を表示しましょう。

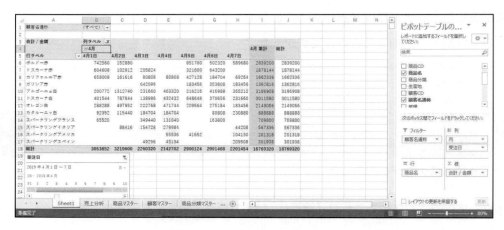

7. 結果を確認後、［受注日］の内訳を非表示にしてからタイムラインの絞り込みを解除し、タイムライン［受注日］を削除しましょう。

8. ［商品分類］フィールドと［生産地］フィールドをスライサーとして挿入し、商品分類が「SP（スパークリングワイン）」または「WW」（白ワイン）、生産地が「FRA」（フランス）または「ITA」（イタリア）のレコードに絞り込んで表示しましょう。
   ※スライサーの項目を複数選択するには、**Ctrl**キーを押しながら選択したい項目を一つずつクリックします。

9. 結果を確認後、スライサーの絞り込みを解除し、スライサー［商品分類］とスライサー［生産地］を削除しましょう。

10. ピボットテーブルの受注日のグループ化の単位を変更し、月単位だけで集計しましょう。

11. ピボットテーブルの金額の計算の種類を変更し、各商品の総計に対する売上比率を計算し、結果を確認後、計算の種類を元に戻しましょう。

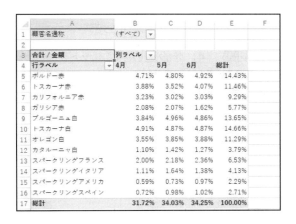

12. 行ラベルフィールドに配置されている、［商品名］フィールドの［トスカーナ白］の内訳に、［担当］を追加しましょう。

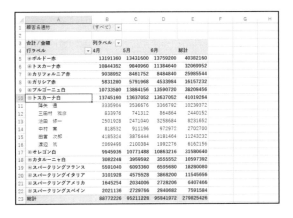

13. シート「Sheet1」のトスカーナ白の中村　実の4月の売上の詳細データを、別シートに表示しましょう。

14. シート「売上分析」の4月4日のトスカーナ白でショートストップの中村　実の数量（セルM84）を「240」に変更し、ピボットテーブルのデータを更新しましょう。結果を確認後、「トスカーナ白」の内訳を非表示にしましょう。

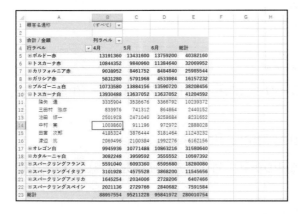

15. ピボットテーブルの値フィールドの金額に、桁区切りのカンマ（,）の表示形式を設定しましょう。

16. ピボットテーブルスタイルの［薄い緑，ピボットスタイル（中間）14］を設定し、ピボットテーブル全体の書式を変更しましょう。また、ピボットテーブルのセルB5～D16に条件付き書式のデータバーで［塗りつぶし（グラデーション）］の［赤のデータバー］を設定しましょう。

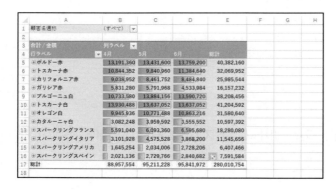

問題 6-2

ピボットグラフを使って多角的にデータを分析しましょう。

1. ピボットテーブルを基にして、積み上げ縦棒のピボットグラフを作成しましょう。

2. ピボットグラフの左上隅がセルF3になるように移動しましょう。その後、ピボットグラフの右下隅がセルL17に重なるようにサイズを変更しましょう。

3. [商品名] フィールドのデータを、ガリシア赤、カタルーニャ白、スパークリングスペインのアイテムに絞り込んで表示しましょう。結果を確認後、すべてのアイテムを表示しましょう。

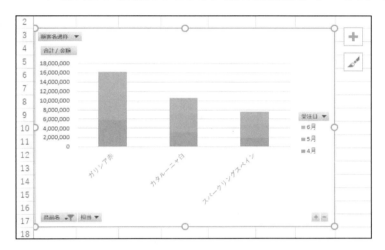

4. ピボットグラフのレポートフィルターに [生産地] フィールドを追加し、表示する生産地を切り替えて、生産地ごとのグラフを表示しましょう。結果を確認後、すべてのアイテムを表示しましょう。

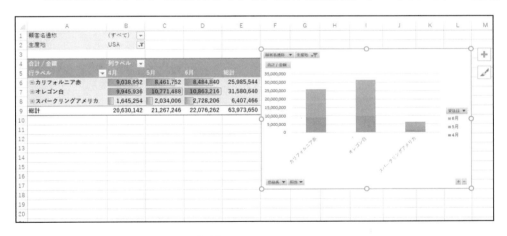

※この例は [USA] を選択した状態です。

5. ブックを [保存用] フォルダーに保存して閉じましょう。

◤マクロによる作業の自動化

マクロによる作業の自動化

Excelで繰り返し行う操作を記録して、自動的に実行させるには、マクロ機能を使用します。

マクロとは

Excelには、実際に操作した内容を記録して、VBAのコードに変換して「マクロ」を作成する機能があります。VBAとは「Visual Basic for Applications」というプログラミング言語です。簡単な処理であれば、VBAによるプログラミングの知識がなくてもマクロを作成することができます。マクロを利用することで、何度も繰り返して使用する一連の操作を記録して、作業を自動化することができます。

マクロウイルスとセキュリティレベル

マクロウイルスはコンピューターウイルスの一種で、ブック内のマクロ機能が悪用されることによって感染します。Excelでは、マクロウイルスの感染を防ぐために、4段階のセキュリティレベルが用意されています。

1. 警告を表示せずにすべてのマクロを無効にする
2. 警告を表示してすべてのマクロを無効にする
3. デジタル署名されたマクロを除き、すべてのマクロを無効にする
4. すべてのマクロを有効にする（推奨しません。危険なコードが実行される可能性があります）

既定の設定は、「警告を表示してすべてのマクロを無効にする」です。マクロを無効にし、マクロが含まれている場合はセキュリティの警告を表示する場合に使用します。状況に応じてマクロを有効にするか無効にするかを選択することができます。
※その他の設定については、Excelのヘルプを参照してください。

マクロの記録と実行

マクロを利用するには、マクロを作成する手順に従って、マクロを記録し、実行します。

■ マクロの作成手順

マクロを使った作業の流れは次のとおりです。

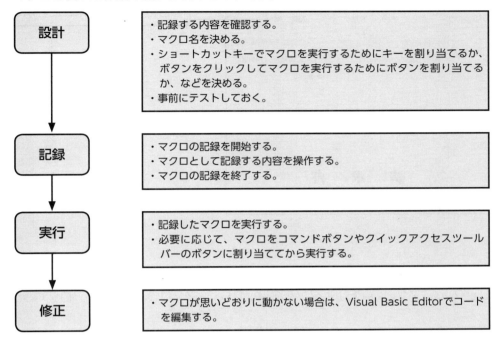

💡 ヒント　**操作を間違えた場合**

マクロの記録中に操作を間違えると、間違えた操作の内容も記録されます。その場合は、マクロの記録を終了し、再度マクロの記録を開始して操作手順の最初から記録し直します。

■ [開発] タブ

マクロを記録したり、編集したりするには、[開発] タブを使います。[開発] タブは既定では表示されないので、必要に応じて表示します (Excelで [開発] タブを表示すると、Wordなどほかのofficeアプリケーションでも表示されるようになります)。

[開発] タブを表示するには、次の手順で操作します。

1. [ファイル] タブの [オプション] をクリックして、[Excelのオプション] ダイアログボックスを開きます。
2. [リボンのユーザー設定] をクリックし、[リボンのユーザー設定] ボックスの [メインタブ] が選択されていることを確認します。
3. [メインタブ] の [開発] チェックボックスをオンにし、[OK] をクリックします。

💡 ヒント
[表示] タブの [マクロ] ボタン

マクロの記録と実行を行うだけなら、[開発] タブを表示しなくても、[表示] タブの [マクロ] ボタンで操作できます。ただし、ボタンなどへのマクロの登録、マクロの編集などの高度な作業は [開発] タブでないと行えません。

4. [開発] タブがリボンに表示されたことを確認します。

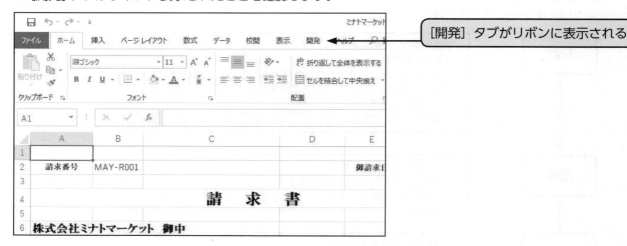

[開発] タブがリボンに表示される

■ マクロの記録

マクロに記録したい操作を実行して、マクロを記録します。マクロを記録するには、次の手順で操作します。

1. [開発] タブをクリックし、[マクロの記録] ボタンをクリックして [マクロの記録] ダイアログボックスを開きます。

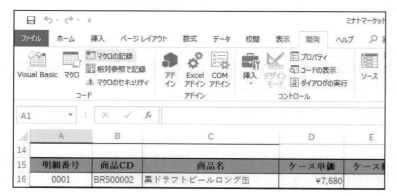

> **ヒント**
> **マクロの記録**
> [表示] タブの [マクロ] ボタンをクリックし、[マクロの記録] をクリックしてもマクロの記録を始めることができます。

2. [マクロ名] ボックスに任意の名前を入力し、[マクロの保存先] ボックスに [作業中のブック] と表示されていることを確認して [OK] をクリックします。

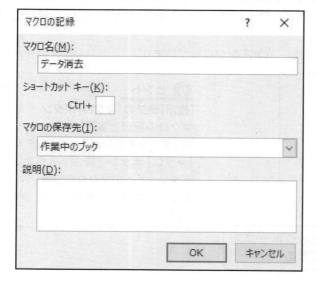

> **ヒント**
> **マクロ名に使用できる文字**
> マクロ名には、文字、数字、およびアンダースコア（_）を使用できます。スペースや記号は使用できません。マクロ名の先頭は必ず文字にします。マクロ名の入力を省略すると、自動的に「Macro1」、「Macro2」、...のようにマクロ名が付けられます。

3. マクロに記録したい操作を実行します。
4. [記録終了] ボタンをクリックして、マクロの記録を終了します。

💡 **ヒント　[記録終了]ボタンと[マクロの記録]ボタンの表示の切り替え**
　　[記録終了]ボタンをクリックすると、ボタンの表示は[マクロの記録]に戻ります。

💡 **ヒント　マクロの削除**
　　記録を間違えた場合などにマクロを削除するには、次の手順で操作します。
　　1.[開発]タブの[マクロ]ボタンをクリックして[マクロ]ダイアログボックスを開きます。
　　2.[マクロ名]ボックスの一覧で削除したいマクロをクリックし、[削除]をクリックします。
　　3.削除を確認するメッセージが表示されたら[はい]をクリックします。

■ マクロの実行

マクロを記録すると、繰り返して実行することができるようになります。ここでは、[マクロ]ダイアログボックスから実行する方法を説明します。
1. [開発]タブをクリックし、[マクロ]ボタンをクリックして[マクロ]ダイアログボックスを開きます。
2. 実行するマクロを選択し、[実行]をクリックします。

💡 **ヒント**
マクロの実行
[表示]タブの[マクロ]ボタンをクリックし、[マクロの表示]をクリックしても[マクロ]ダイアログボックスを開くことができきます。

3. マクロが実行されます。

💡 **ヒント　マクロで実行した操作**
　　マクロで実行した操作は [元に戻す]ボタンで元に戻すことはできないので注意しましょう。

■ ボタンなどへのマクロの登録

記録したマクロをボタンなどに登録すると、[マクロ] ダイアログボックスを開かずにボタンをクリックするだけで簡単にマクロを実行できます。
マクロをボタンに登録するには、次の手順で操作します。

1. [開発] タブの [挿入] ボタンをクリックし、[フォームコントロール] の □ [ボタン (フォームコントロール)] をクリックします。

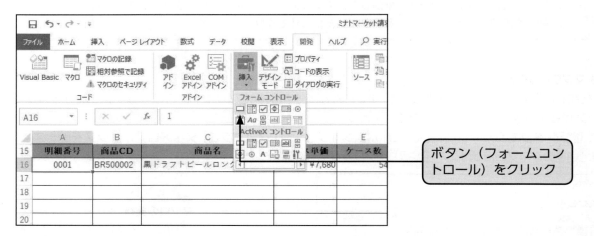

2. 任意の位置でドラッグし、ボタンを作成します。

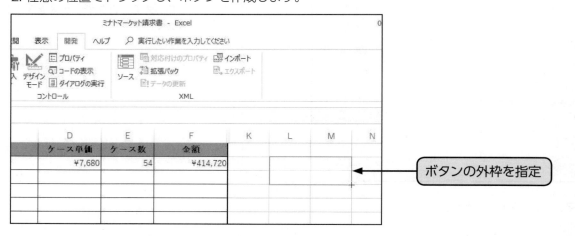

3. [マクロの登録] ダイアログボックスが自動的に表示されます。ボタンに登録したいマクロをクリックし、[マクロの保存先] ボックスの一覧の [作業中のブック] を選択して [OK] をクリックします。

4. 「ボタン1」など自動的に付けられたボタン名をドラッグして、適切な文字列を入力し、ボタン名を変更します。

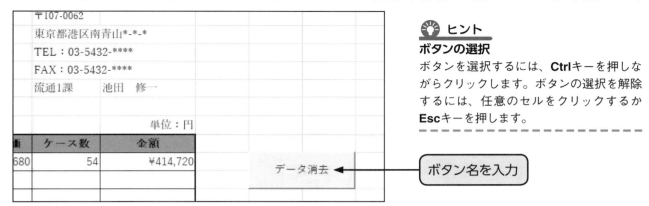

ボタン名を入力

> **ヒント**
> **ボタンの選択**
> ボタンを選択するには、**Ctrl**キーを押しながらクリックします。ボタンの選択を解除するには、任意のセルをクリックするか**Esc**キーを押します。

5. ボタン名を変更したら、任意のセルをクリックして選択を解除します。

マクロの編集

記録したマクロは、Visual Basic Editorを使って編集し、操作手順を追加したり、削除したりできます。

■ **VBAのコードについて**

マクロを記録すると、操作した内容がVBAのコードで記録されます。VBAのコードはVisual Basic Editorを使用して確認することができます。
Visual Basic Editorを開くには、次の手順で操作します。
1. [開発] タブの [マクロ] ボタンをクリックして [マクロ] ダイアログボックスを開きます。
2. [マクロ] ダイアログボックスで内容を確認したいマクロの名前を選択し、[編集] をクリックします。

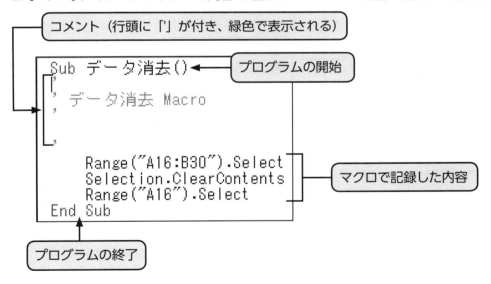

```
Sub データ消去()
'
' データ消去 Macro
'

    Range("A16:B30").Select
    Selection.ClearContents
    Range("A16").Select
End Sub
```

コメント（行頭に「'」が付き、緑色で表示される）
プログラムの開始
マクロで記録した内容
プログラムの終了

3. 必要に応じてマクロの内容を修正します。

マクロ有効ブックとして保存

マクロを含んだブックは、「Excelマクロ有効ブック」として保存する必要があります。マクロを含んだブックを「Excelブック」として保存すると、マクロは保存されません。

■ **Excelマクロ有効ブック**

Excelマクロ有効ブックの拡張子は、「.xlsm」になります。Windowsの既定値では、拡張子が非表示の設定になっているため、アイコンの形で区別します。

Excelブックのアイコン

Excelマクロ有効ブックのアイコン

■ **Excelマクロ有効ブックとして保存**

マクロを含んだブックを、「Excelマクロ有効ブック」として保存するには、次の手順で操作します。
1. [ファイル] タブの [エクスポート] をクリックし、[ファイルの種類の変更] をクリックします。
2. [マクロ有効ブック] をクリックし、[名前を付けて保存] をクリックして、[名前を付けて保存] ダイアログボックスを開きます。
3. ファイルの場所とファイル名を指定し、[ファイルの種類] ボックスに、[Excelマクロ有効ブック] と表示されていることを確認して、[保存] をクリックします。

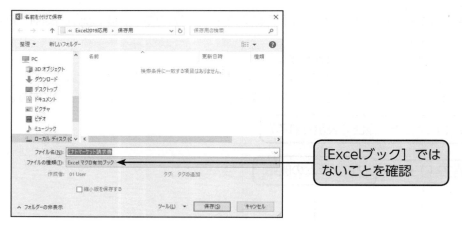

4. 個人情報に関する注意の確認メッセージが表示されたら、[OK] をクリックします。

■ **セキュリティの警告メッセージ**

マクロ有効ブックを開くときに [Microsoft Excelのセキュリティに関する通知] ダイアログボックスが表示される場合があります。マクロを有効にするには、[マクロを有効にする] をクリックします。
Excelのセキュリティレベルを [警告を表示してすべてのマクロを無効にする] または [デジタル署名されたマクロを除き、すべてのマクロを無効にする] に設定すると、Excelマクロ有効ブックを開くときに、マクロが無効にされたことを示すセキュリティの警告メッセージが表示されます。マクロを有効にするには、[コンテンツの有効化] をクリックします。

本書で学習した内容が身に付いたかどうか、
最後に総合問題で確認しましょう。

問題 1

ある洋服店の店舗で、ネーム刺しゅうを入れられる商品を販売したときに使用する納品請求書を編集しましょう。

1. [総合問題]フォルダーのブック「総合1　納品請求書」を開きましょう。

2. シート「納品請求書」のセルE18～E32に、セルに入力する数量を5以上の整数に制限する入力規則を設定しましょう。また、5未満の値を入力できないように制限するエラーメッセージを表示しましょう。

設定項目	設定値
スタイル	停止
タイトル	数量の確認
エラーメッセージ	数量は5以上の値で入力してください。

3. シート「納品請求書」のセルB18～B32に、シート「商品マスター」のセルA4～A15の値を表示するドロップダウンリストを作成しましょう。

4. シート「納品請求書」のセルH8に、シート「店舗マスター」のセルA4～A15の値を表示するドロップダウンリストを作成しましょう。

5. シート「納品請求書」のセルA18～A32に、数値「1」を入力すると「0001」と4桁で表示されるように、ユーザー定義の表示形式を設定しましょう。

6. シート「納品請求書」のセルA6に、入力した文字列に「　様」(様の前に全角スペース)を補って表示するようにユーザー定義の表示形式を設定しましょう。

7. シート「納品請求書」の次のセルに値を入力し、入力規則を確認しましょう。

セル	入力値
B18	MEIN002
E18	「4」と入力しエラーメッセージが表示されることを確認後、「7」を入力
E34	7

8. シート「納品請求書」のセルF36の値を消去し、売上計×割引率の計算結果を小数点以下第1位で四捨五入して、割引額を求めましょう。

9. シート「納品請求書」のセルF38の値を消去し、割引後金額×消費税率(セルE38)の計算結果を小数点以下第1位で切り捨て、消費税額を求めましょう。

10. シート「納品請求書」の商品の数量の合計が5以上の場合は、5%割引します。IF関数を使って割引率のセルE36に、商品の数量の合計が5以上の場合は「5%」と表示し、5未満の場合は空白のままにする計算式を作成しましょう。

11. セルH8で選択されている店舗コードをシート「店舗マスター」から検索し、シート「納品請求書」のセルF10～F13に、次の表で指定した値を表示する数式を作成しましょう。数式を作成後、セルH8に作成したドロップダウンリストを使用して、店舗CD「T0009」を選択し、店舗名、郵便番号、住所、電話番号が表示されることを確認しましょう。

セル	設定値
F10	シート「店舗マスター」の表、「店舗マスター」の店舗名
F11	シート「店舗マスター」の表、「店舗マスター」の郵便番号
F12	シート「店舗マスター」の表、「店舗マスター」の住所
F13	シート「店舗マスター」の表、「店舗マスター」の電話番号

12. シート「納品請求書」のセルB18とセルC18の値を消去し、セルC18に、セルB18が空白のときは空白のままにし、セルB18に商品コードが入力されている場合は、シート「商品マスター」から商品コードを検索し、商品名を表示する数式を作成しましょう。作成した数式をセルC19～C32にコピーしましょう。

13. シート「納品請求書」のセルD18の値を消去し、セルD18に、セルB18が空白のときは空白のままにし、セルB18に商品コードが入力されている場合は、シート「商品マスター」から商品コードを検索し、単価を表示する数式を作成しましょう。作成した数式をセルD19～D32にコピーしましょう。

14. シート「納品請求書」のセルB18にドロップダウンリストを使って「MEIN002」と入力し、商品名と単価が表示されることを確認しましょう。

15. シート「納品請求書」のセルF18の数式を消去し、セルD18に単価が表示されていない場合は空白のままにし、単価が表示されている場合は、単価×数量の計算結果を表示する数式を作成しましょう。作成した数式をセルF19～F32にコピーしましょう。

16. 完成例を参考に、シート「納品請求書」の金額の表示形式を整えましょう。

■ 完成例

総合問題　**235**

17. シート「納品請求書」のセルA18〜B32、セルE18〜E32、セルE34のロックを解除し、シート「納品請求書」を保護しましょう。

18. ブックを[保存用]フォルダーに保存して閉じましょう。

総合問題 問題2

店舗別の売上をエリア別、店舗別に集計します。店舗別の売上集計表を基に、広域エリアの集計表を作成しましょう。また、全国の集計をするために、各店舗の合計を店舗別実績表にリンク貼り付けしましょう。

1. [総合問題]フォルダーのブック「総合2　店舗別集計」を開きましょう。

2. 「名古屋店」、「神戸店」、「広島店」、「広域合計」の4枚のシートをグループ化して、以下の編集を行いましょう。編集が終わったら、シートのグループ化を解除して結果を確認しましょう。
   - セルA1〜E1：セルを結合して中央揃え、16ポイント、太字
   - セルE2：右揃え
   - セルA21：中央揃え

3. シート「名古屋店」のセルA4〜A15をユーザー設定リストに登録し、シート「広域合計」のセルA5〜A15にオートフィル機能を使って項目名を入力しましょう。

4. 各店舗の月別合計をコピーして、シート「店舗別実績」にリンク貼り付けしましょう。

リンク元	リンク貼り付け先
シート「名古屋店」のセルB21〜E21	セルB4〜E4
シート「神戸店」のセルB21〜E21	セルB5〜E5
シート「広島店」のセルB21〜E21	セルB6〜E6

5. シート「広島店」の6月のネクタイの売上（セルD9）を「360000」に変更し、シート「店舗別実績」のセルD6の値が「11,373,200」に更新されることを確認しましょう。

■ 完成例

	A	B	C	D	E
1	第1四半期店舗別実績				
2					単位：円
3	店舗名	4月	5月	6月	売上実績
4	名古屋店	12,683,400	14,298,000	12,959,000	39,940,400
5	神戸店	15,881,000	19,266,600	16,353,000	51,500,600
6	広島店	9,688,600	12,514,400	11,373,200	33,576,200
7					
8					
9					
10					
11					
12					
13					
14					
15					
16					
17					
18					
19					
20					
21	全店合計	38,253,000	46,079,000	40,685,200	125,017,200

6. シート「広域合計」に、「名古屋店」、「神戸店」、「広島店」の売上の合計を求めましょう。

■ 完成例

	A	B	C	D	E
1	広域エリア第1四半期売上実績				
2					単位：円
3	商品名	4月	5月	6月	商品別合計
4	メンズスーツ	5,940,000	7,740,000	4,740,000	18,420,000
5	メンズジャケット	7,875,000	7,315,000	9,135,000	24,325,000
6	メンズパンツ	4,440,000	4,080,000	3,840,000	12,360,000
7	メンズシャツ	1,715,000	2,156,000	2,822,400	6,693,400
8	ワイシャツ	1,021,800	1,466,400	1,216,800	3,705,000
9	ネクタイ	1,560,000	1,848,000	1,344,000	4,752,000
10	レディーススーツ	11,422,600	15,362,800	12,855,400	39,640,800
11	レディースジャケット	2,232,000	3,868,800	2,356,000	8,456,800
12	スカート	908,800	1,036,800	998,400	2,944,000
13	ブラウス	374,400	304,200	382,200	1,060,800
14	レディースシャツ	396,800	409,600	550,400	1,356,800
15	ストール	366,600	491,400	444,600	1,302,600
16		0	0	0	0
17		0	0	0	0
18		0	0	0	0
19		0	0	0	0
20		0	0	0	0
21	月別合計	38,253,000	46,079,000	40,685,200	125,017,200

7. ブックを［保存用］フォルダーに保存して閉じましょう。

問題 3

作成した納品請求書を、他のユーザーに配布します。ブックを保護し、ブックのドキュメント検査を行い、パスワードを設定しましょう。その後、ブックをPDFファイルとして作成しましょう。

1. ［総合問題］フォルダーのブック「総合3　納品請求書」を開きましょう。

2. シート「店舗マスター」を非表示にしてから、ブック「総合3　納品請求書」を保護して、ブックの構成が変更できなくなることを確認しましょう。

3. ブックを［保存用］フォルダーに保存しましょう。

4. ブック「総合3　納品請求書」のドキュメント検査を実行し、ファイルに含まれている個人情報を削除しましょう。

5. ブック「総合3　納品請求書」に、「JUN-A001」という読み取りパスワードと、「KOURI1」という書き込みパスワードを設定して、ブックを上書き保存して閉じましょう。

6. ［保存用］フォルダーに保存したブック「総合3　納品請求書」を開き、読み取りパスワードと書き込みパスワードの［パスワード］ダイアログボックスが表示されることを確認しましょう。

総合問題　*237*

■ [パスワード] ダイアログボックス

7. シート「納品請求書」を基にPDFファイルを作成しましょう。PDFファイルの内容を確認したらファイルを閉じましょう。

■ 完成例

8. ブックを保存しないで閉じましょう。

総合問題 問題4

第1四半期の店舗別の売上を、グラフや条件付き書式、スパークラインなどを利用して分析しましょう。分析が完了したら最終版として設定しましょう。

1. [総合問題] フォルダーのブック「総合4　店舗別売上実績」を開きましょう。

2. シート「売上実績」の列Fに、降順で各店舗の売上実績の順位を求めましょう。

3. シート「売上実績」の 列Eの「売上実績」を降順で並べ替えましょう。

4. 各店舗の売上金額を比較する集合縦棒グラフを作成しましょう。
   ・データの範囲：セルA3～A15, セルE3～E15
   ・グラフの種類：集合縦棒
   ・グラフの配置先：セルA20～J36

5. 作成した集合縦棒グラフに、「達成率」のデータ系列を追加し、グラフを編集しましょう。
   ・凡例：グラフの下
   ・グラフの種類：組み合わせ、集合縦棒 - 折れ線
   ・データ系列［達成率］のグラフの種類：マーカー付き折れ線
   ・データ系列［達成率］の縦（値）軸：第2軸
   ・グラフタイトル：グラフの上、「店舗別売上・達成率比較」
   ・グラフのスタイル：スタイル8

6. 複合グラフを編集しましょう。
   ・データテーブル：凡例マーカーあり
   ・凡例：なし
   ・主軸の最小値：31000
   ・主軸の最大値：58000

■ 完成例

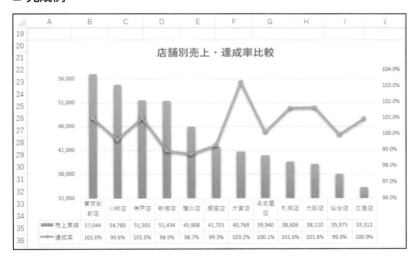

7. セルB4～D18に、セルの値が15,000（売上金額15,000千円）より大きい場合に、濃い緑の文字、緑の背景で表示する条件付き書式を設定しましょう。

8. セルB4～D18に、セルの値が13,000（売上金額13,000千円）より小さい場合に、赤の太字で表示する独自の条件付き書式を設定しましょう。

9. セルH4～H18に、3つの記号（丸囲みなし）のアイコンセットを設定し、100%未満は赤の下矢印、100%～101%は黄色の感嘆符、101%を超えたときは緑の丸で表示するように条件を変更しましょう。

10. セルI4～I18に、数値の大小を緑のグラデーションで表すデータバーを設定しましょう。

11. セルJ4～J18に、第1四半期の売上実績の変動を表す、折れ線のスパークラインを挿入して編集しましょう。
    ・スパークラインのスタイル：濃い緑, スパークラインスタイル アクセント6、黒＋基本色25%
    ・マーカー：頂点（山）、頂点（谷）
    ・スパークラインの太さ：1.5pt

■ 完成例

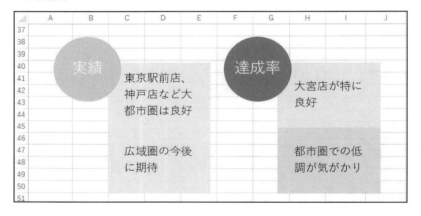

12. 複合グラフの下にSmartArtグラフィックを挿入し、表やグラフで分析して得られた結果を図にまとめましょう。完成例を参考に文字を入力し、編集しましょう。
    ・SmartArtグラフィックの種類：積み上げリスト
    ・セルA38～J50に配置
    ・SmartArtグラフィックの色：カラフル - アクセント4から5

■ 完成例

13. ブックを［保存用］フォルダーに保存しましょう。
14. ブック「総合4　店舗別売上実績」を最終版として設定して閉じましょう。

総合問題　問題5

第1四半期の店舗別の売上明細を基にして、データベース機能を利用してデータ分析を行いましょう。

1. ［総合問題］フォルダーのブック「総合5　店舗別売上分析」を開きましょう。

2. シート「売上分析」のテーブルの「店舗名」の右側に列を挿入し、「出店先」というフィールドを作成しましょう。そこに、シート「店舗マスター」の列「出店先」のデータを、VLOOKUP関数を使用して追加しましょう。データを追加後、列幅を調整しましょう。

3. テーブルの「単価」の右側に、「金額」というフィールドを作成しましょう。そこに、単価×数量の計算式を入力し、桁区切りのカンマ（,）を設定しましょう。

4. フィールド「商品名」の右側に列を挿入し、「性別」というフィールドを作成しましょう。そこに、商品CDの上2桁を取り出し、フラッシュフィルでデータを追加しましょう。データを追加後、列幅を調整しましょう。

5. フィールド「性別」の右側に列を挿入し、「商品分類」というフィールドを作成しましょう。そこに、商品CDの3文字目から2文字を取り出し、フラッシュフィルでデータを追加しましょう。

6. 問題2で登録したユーザー設定リストを使用して、データを独自の順序で並べ替えましょう。結果を確認したら、「受注ID」を昇順で並べ替えて、並び順を元に戻しましょう。

キー	並べ替えのキー	順序
最優先されるキー	商品名	セルの値	メンズスーツ、メンズジャケット、メンズパンツ…
2番目に優先されるキー	出店先	セルの値	昇順
3番目に優先されるキー	店舗名	セルの値	昇順

■ 並べ替え後

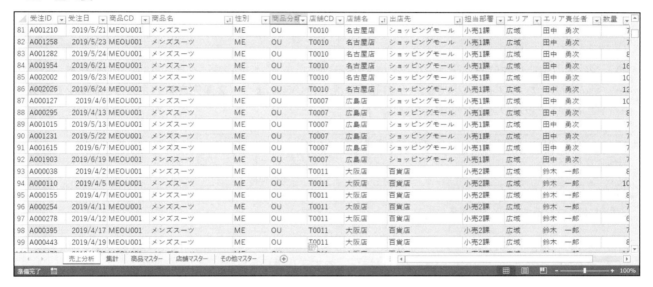

7. 「商品名」フィールドで、商品名が、メンズスーツ、メンズジャケット、レディーススーツ、レディースジャケットのレコードを抽出しましょう。さらに、金額が1,500,000円以上1,800,000円以下の売上のレコードを抽出しましょう。結果を確認したら、抽出条件をまとめて解除しましょう。

■ 抽出後

8. フィルターオプションを利用して、データ抽出を行いましょう。まず、データ抽出対象のテーブルの上に空白行を5行挿入して、列見出しをコピーしてデータの検索条件を入力する検索条件範囲を作成しましょう。

9. 作成した検索条件範囲に、検索条件を入力してデータの抽出を行いましょう。
   検索条件は、次の表を参考に入力しましょう。結果を確認したら、抽出条件をまとめて解除しましょう。

商品名	店舗名	数量
*シャツ	銀座店	15以上
*ジャケット	神戸店	30以上

※ワイルドカードは半角で入力しましょう。

■ 抽出後

10. シート「集計」を使ってデータの自動集計を行いましょう。自動集計を行う前に、次の表を参考に、集計の基準となるフィールドでデータの並べ替えを行いましょう（最優先されるキーは、問題2で登録したユーザー設定リストを使用します）。

キー	並べ替えのキー	順序
最優先されるキー	商品名	値	メンズスーツ、メンズジャケット、メンズパンツ…
2番目に優先されるキー	出店先	値	昇順
3番目に優先されるキー	店舗名	値	昇順

11. シート「集計」のレコードを、商品名ごとに数量と金額の合計を自動集計しましょう。その後、アウトライン機能を使い、レベル記号2で折りたたんで表示しましょう。

■ 自動集計後

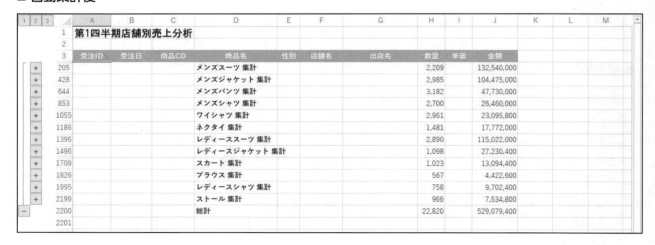

12. 自動集計した表のアウトライン機能を使い、ネクタイの内訳を表示しましょう。結果を確認したら、内訳を非表示にしましょう。

■ 内訳表示後

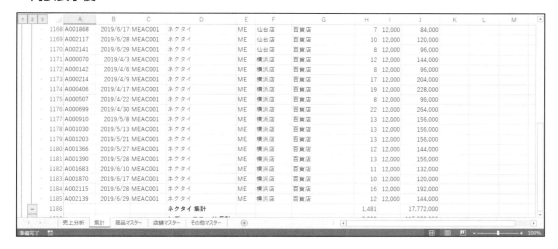

13. 自動集計した表に、出店先ごとの数量と金額の合計を、集計の基準に追加しましょう。その後、アウトライン機能を使い、レベル記号3で折りたたんで表示しましょう。

■ 完成例

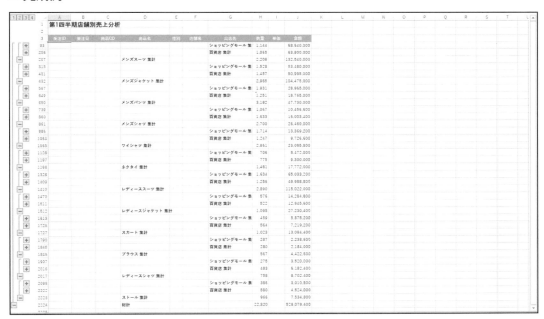

14. ブックを[保存用]フォルダーに保存して閉じましょう。

問題 6

第1四半期の店舗別の売上明細を基に、ピボットテーブルやピボットグラフを利用してデータの分析を行いましょう。

1. [総合問題]フォルダーのブック「総合6　店舗別売上分析」を開きましょう。

2. シート「売上分析」のデータを基に、おすすめピボットテーブルを使用して、商品名ごとに受注IDのデータの個数を集計するピボットテーブルを作成し、[受注日] フィールドを追加しましょう。

■ [受注日] フィールド追加後

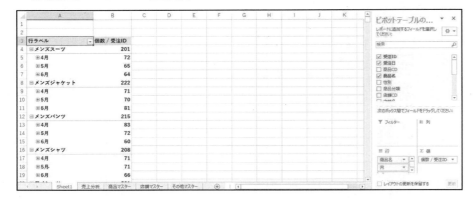

3. ピボットテーブルの [月] フィールドと [受注日] フィールドを [列] エリアに移動し、[値] エリアの「受注ID」フィールドを削除しましょう。その後、[値] エリアに [金額] フィールドを追加しましょう。

　　※フィールドを削除するには、フィールドセクションで、フィールド名の左端にあるチェックボックスをオフにします。

■ [金額] フィールド追加後

4. ピボットテーブルのレポートフィルターに [出店先] フィールドを追加し、出店先別の売上傾向を確認しましょう。結果を確認後、レポートフィルターを (すべて) に戻しましょう。

■ レポートフィルター抽出後

※ショッピングモールを選択した状態

5. [受注日] フィールドをタイムラインとして挿入し、受注日が6月のデータを表示しましょう。一度タイムラインの絞り込みを解除し、時間レベルを [日] に変更し、6月10日から6月16日のデータに絞り込んで表示しましょう。
   ※あらかじめ表示したいデータの範囲をタイムラインのスクロールバーで表示してからデータを絞り込みます。
   結果を確認後、タイムラインの絞り込みを解除し、タイムライン [受注日] を削除しましょう。

■ **タイムライン絞り込み後（列ラベルの [6月] を展開した状態）**

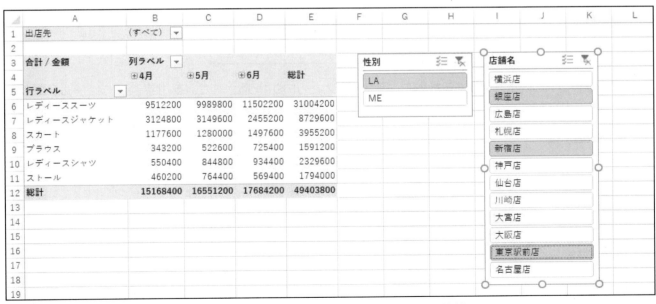

6. ピボットテーブルに [性別] フィールドと [店舗名] フィールドのスライサーを追加し、スライサーを使ってデータを絞り込みましょう。結果を確認後、すべてのスライサーの絞り込みを解除し、スライサーを削除しましょう。

■ **スライサー絞り込み後**

※性別で [LA]、店舗名で [銀座店]、[新宿店]、[東京駅前店] を選択した状態

7. フィールド [受注日] のグループ化の単位を変更し、月単位だけで集計しましょう。

8. 各商品の月別の構成比を求めるために、フィールド［金額］の計算の種類を変更し、列集計に対する比率を表示しましょう。結果を確認後、計算の種類を元に戻しましょう。

■ 計算の種類変更後

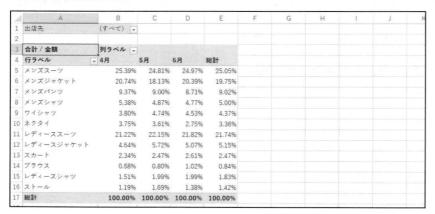

9. 各商品の各月の売上金額の最大値を求めるために、集計方法を［最大］に変更しましょう。結果を確認後、集計方法を［合計］に戻しましょう。

■ 集計方法変更後

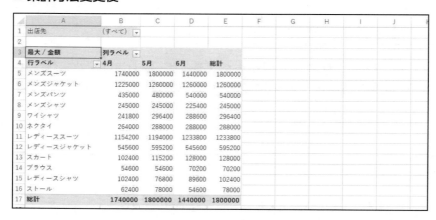

10. ブラウスの内訳を確認するために、行ラベルフィールドに配置されている［商品名］フィールドの内訳に、［店舗名］フィールドを追加しましょう。

■ 内訳追加後

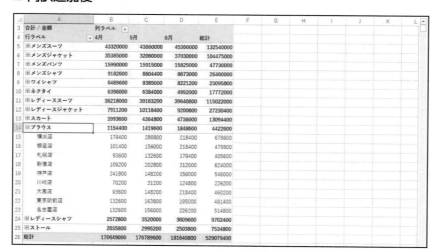

11. ピボットテーブルの5月のブラウスの川崎店の売上の詳細データを別のワークシートに表示しましょう。

■ 詳細データの表示

12. シート「売上分析」の5月3日の川崎店のブラウスの数量（セルM788の値）を「20」に変更し、ピボットテーブルのデータを更新しましょう。データが更新されたことを確認したら、ブラウスを折りたたみましょう。

■ データ更新後

13. ピボットテーブルの値フィールドの金額に桁区切りのカンマ（,）の表示形式を設定しましょう。

14. ピボットテーブルに［薄いオレンジ，ピボットスタイル（淡色）10］のピボットテーブルスタイルを設定し、4月から6月の金額に3つのフラグのアイコンセットを設定しましょう。

■ 完成例

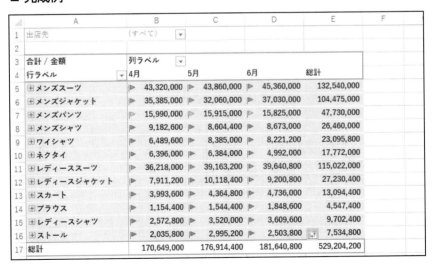

15. 作成したピボットテーブルから、3-D積み上げ縦棒のピボットグラフを作成し、セルA19～E35に配置しましょう。

16. ピボットグラフの［商品名］フィールドでアイテムを指定し、メンズスーツ、メンズジャケット、レディーススーツ、レディースジャケットのグラフだけを表示しましょう。結果を確認後、すべてのアイテムを表示しましょう。

17. ピボットグラフのレポートフィルターに［エリア］フィールドを追加し、表示するエリアを切り替えて、エリアごとのグラフを表示しましょう。結果を確認後、すべてのエリアの表示に戻しましょう。

■ レポートフィルター抽出後

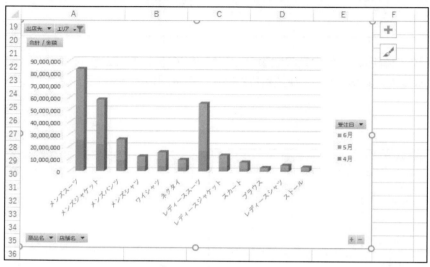

※エリアで［首都圏］を選択した状態

18. ピボットグラフに［商品分類］フィールドのスライサーを追加し、商品分類を切り替えて、商品分類ごとのグラフを表示しましょう。

■ スライサー絞り込み後

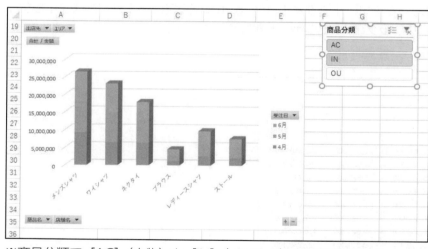

※商品分類で［AC］（小物）と［IN］（インナー）を選択した状態

19. ブックを［保存用］フォルダーに保存して閉じましょう。

索引

記号/英字

.xlsm	232
3-D集計	26
AND関数	45
AVERAGEIFS関数	57
AVERAGEIF関数	57
COUNTIFS関数	57
COUNTIF関数	57
Excelマクロ有効ブックとして保存	232
HLOOKUP関数	57
IFERROR関数	57
IFS関数	57
IF関数	42
INT関数	41
LEFT関数	144
LEN関数	145
MID関数	144
OR関数	45
PDFファイル	78
PDFファイルの作成	79
PHONETIC関数	57
RANK.AVG関数	54
RANK.EQ関数	54, 55
RIGHT関数	145
ROUNDDOWN関数	36, 40
ROUNDUP関数	37
ROUND関数	36, 37
SmartArtグラフィック	121, 122
SmartArtグラフィックの色の変更	126
SmartArtグラフィックのサイズと位置の変更	125
SUMIFS関数	57
SUMIF関数	57
VBA（Visual Basic for Applications）	226
VBAのコード	231
Visual Basic Editor	231
VLOOKUP関数	46, 47, 137

あ行

アイコンセット	107, 110
アイコンセットでの並べ替え	150
アイコンセットのルールの変更	112
アイコンの変更	114
アウトライン	148
アウトライン記号	
［値］エリア	181
値フィールド	181
色で並べ替え	150
エラー値 #N/A	48, 49
エラー値 #VALUE!	44
［エラーチェックオプション］ボタン	49
エラー表示の回避	50
エラーメッセージ	5
エラーメッセージのスタイルと動作	6
エリアセクション	181, 183
オートフィルター	147, 153
おすすめピボットテーブル	180, 181

か行

［開発］タブ	227
書き込みパスワード	70, 75, 77
カラースケール	111
［関数の挿入］ダイアログボックス	38
関数のネスト	45, 50
［関数の引数］ダイアログボックス	39
関数ボックス	51
関数ライブラリ	37
［行］エリア	181
行ラベルフィールド	181
クイック分析	108
グラフテンプレート	105
グラフの種類の変更	93
グラフ要素の書式設定	97, 102
グループ化	186
計算の種類	199
［形式を選択して貼り付け］ダイアログボックス	25
検索条件範囲の作成	160
検索条件範囲の列見出し	161
検索条件を指定して抽出を実行	161
［検索］ボックス	155
構造化参照	138, 140
高度な条件を組み合わせた抽出	159
互換性チェック	68

索引 **249**

コメントの挿入 …………………………………… 9

さ行

最終版として設定 ……………………………… 62, 68
作業グループ ……………………………………… 16
シートの再表示 …………………………………… 66
シートの非表示 …………………………………… 66
シートの保護 …………………………………… 62, 63
シートの保護の解除 ……………………………… 65
時間レベル ………………………………………… 192
軸のオプション …………………………………… 104
自動集計 …………………………………………… 166
集計の基準の追加 ………………………………… 170
集計の実行 ………………………………………… 167
[集計の設定] ダイアログボックス …………… 168
集計の設定の解除 ………………………………… 171
集計の基データを明細行で表示 ………………… 203
集計方法 …………………………………………… 200
集計列 …………………………………………… 138, 140
順位を自動的に入力する ………………………… 54
条件付き書式 …………………………………… 107, 112
条件付き書式の削除 ……………………………… 114
条件によって処理を分ける ……………………… 42
図形の挿入 ………………………………………… 127
スパークライン ………………………………… 107, 117
スパークラインの削除 …………………………… 118
スパークラインの編集 …………………………… 118
スライサー …………………… 156, 186, 194, 218
スライサーの移動とサイズ変更 …………… 157, 195
スライサーの解除 …………………………… 158, 196
スライサーの項目の複数選択 ……………… 157, 195
スライサーの削除 …………………………… 158, 197
スライサーの書式設定 …………………………… 159
セキュリティの警告メッセージ ………………… 232
セキュリティレベル ……………………………… 226
セルの強調表示ルール ……………………… 107, 108
セルのロックの解除 ……………………………… 63

た行

第2軸 ……………………………………………… 94
ダイアログボックスの起動 ……………………… 11

タイムライン ……………………… 185, 190, 218
タイムラインの移動 ……………………………… 191
タイムラインの解除 ……………………………… 193
タイムラインの削除 ……………………………… 193
タイムラインの書式設定 ………………………… 194
抽出の解除 ……………………………………… 154, 163
データ系列 ………………………………………… 88
データ系列の削除 ………………………………… 90
データ系列の順序の変更 ………………………… 91
データ系列の追加 …………………………… 88, 89, 92
データテーブル ………………………………… 97, 100
データの内訳 ……………………………………… 186
データの検索 ……………………………………… 145
データの置換 ……………………………………… 146
データの抽出 ……………………………………… 147
データバー ……………………………………… 107, 109
データベース機能 ………………………………… 135
データベースの整形 ……………………………… 134
データラベル …………………………………… 97, 98
データラベルの削除 ……………………………… 99
テーブルの自動拡張 ……………………………… 140
統合 ………………………………………………… 28
統合の種類 ………………………………………… 31
ドキュメント検査 ……………………………… 70, 71
独自の順序による並べ替え ……………………… 148
独自の条件と書式の設定 ………………………… 115
独自の連続データ ……………………………… 14, 18
ドロップダウンリスト …………………………… 6

な行

並べ替え …………………………………………… 147
日本語入力 ………………………………………… 9
入力規則 ……………………………………… 2, 3, 8
入力規則の削除 …………………………………… 9
入力時メッセージ ………………………………… 8

は行

端数の処理 ………………………………………… 36
パスワード ……………………………………… 70, 74
貼り付けオプション ……………………………… 24
凡例の非表示 ……………………………………… 102

比較演算子	42		
日付のフィールドのグループ化	184		
ピボットグラフ	179, 212		
ピボットグラフにフィールドを追加	216		
ピボットグラフの作成	213		
ピボットテーブル	178		
ピボットテーブルスタイル	209		
ピボットテーブルにフィールドを追加	183		
ピボットテーブルの更新	204		
ピボットテーブルの構成要素	181		
ピボットテーブルの作成	181		
ピボットテーブルの書式設定	206		
[ピボットテーブルのフィールド] 作業ウィンドウ	181		
ピボットテーブルのレイアウトの詳細設定	211		
ピボットテーブルのレイアウトの変更	185		
表の折りたたみ	169		
表をテーブルに変換	141		

ま行

マクロ	226
マクロウイルス	226
マクロの記録	228
マクロの削除	229
マクロの作成手順	227
マクロの実行	229
マクロの登録	230
マクロの編集	231
文字列操作関数	144

フィールド	135, 137
フィールドセクション	181
フィールドに表示形式を設定	207
フィールドの移動	187
フィールドのグループ化	197
フィールドの展開と折りたたみ	202
フィールド名	135
フィールドを掘り下げて表示	201
フィルター	147, 152
[フィルター] エリア	189
フィルターオプション	158
[フィルターオプションの設定] ダイアログボックス	160, 163

や行

ユーザー設定リスト	19, 149
ユーザー設定リストの削除	20
ユーザー定義の表示形式	2, 10, 12
ユーザー定義の表示形式の削除	13
読み取りパスワードの解除	77
読み取りパスワードの設定	74

複合グラフ	84, 92
複合グラフの書式設定	95
複数の抽出条件の設定	163
複数フィールドの抽出条件の解除	154
ブックの保護	62, 66
ブックの保護の解除	67
フラッシュフィル	137, 141, 143
別の表からデータを取り出す	46
補助円グラフ付き円グラフ	85
補助円グラフ付き円グラフの作成	86
補助円グラフ付き円グラフの書式の設定	102
補助グラフ付き円グラフ	84

ら行

リンク貼り付け	21
レコード	135
[列] エリア	181
列の非表示	71
レポートフィルターエリア	189

わ行

ワークシートのグループ化	14, 15
ワークシートのグループ化の解除	17
ワイルドカード文字	165

■ 本書は著作権法上の保護を受けています。
本書の一部あるいは全部について（ソフトウェアおよびプログラムを含む）、日経BP社から文書による許諾を得ずに、いかなる方法においても無断で複写、複製することを禁じます。購入者以外の第三者による電子データ化および電子書籍化は、私的使用を含め一切認められておりません。
無断複製、転載は損害賠償、著作権法の罰則の対象になることがあります。

■ 本書についての最新情報、訂正、重要なお知らせについては下記Webページを開き、書名もしくはISBNで検索してください。ISBNで検索する際は－（ハイフン）を抜いて入力してください。

https://bookplus.nikkei.com/catalog/

■ 本書に掲載した内容についてのお問い合わせは、下記Webページのお問い合わせフォームからお送りください。電話およびファクシミリによるご質問には一切応じておりません。なお、本書の範囲を超えるご質問にはお答えできませんので、あらかじめご了承ください。ご質問の内容によっては、回答に日数を要する場合があります。

https://nkbp.jp/booksQA

Excel 2019 応用 セミナーテキスト

2019年 4 月15日　初版第1刷発行
2024年 5 月13日　初版第6刷発行

著　　　　者：日経BP社
発　行　者：中川 ヒロミ
発　　　　行：日経BP社
　　　　　　　〒105-8308　東京都港区虎ノ門4-3-12
発　　　　売：日経BPマーケティング
　　　　　　　〒105-8308　東京都港区虎ノ門4-3-12
装　　　　丁：折原カズヒロ
制　　　　作：クニメディア株式会社
印　　　　刷：大日本印刷株式会社

・本書に記載している会社名および製品名は、各社の商標または登録商標です。なお、本文中に™、®マークは明記しておりません。
・本書の例題または画面で使用している会社名、氏名、他のデータは、一部を除いてすべて架空のものです。

©2019 Nikkei Business Publications, Inc.

ISBN978-4-8222-8616-3　Printed in Japan